Mosaik bei
GOLDMANN

Buch

Wenn es mit dem Stillen allmählich zu Ende geht, taucht die Frage auf: Was braucht unser Baby und Kleinkind, was verträgt es, was schmeckt ihm? Dr. Renate Zeltner hat leicht nachzukochende Rezepte zusammengestellt, vom ersten Gemüsebrei bis zum abwechslungsreichen Kleinkinder-Menü, das auch dem Rest der Familie schmeckt: Brei in allen Variationen, Alltagsgerichte und Festtagsspeisen für Kleinkinder. Sie liefert viele gesunde Rezepte und Hinweise für eine schonende Zubereitung. Mit Tricks für entspannte Mahlzeiten mit den Kleinen.

Autorin

Dr. Renate Zeltner ist Mutter von drei Kindern und begeisterte Hobbyköchin. Die langjährige Lektorin von praktischen Sachbüchern hat bereits mehrere Bücher über Ernährung und Vollwertkost geschrieben.

Dr. Renate Zeltner

Was Babys und Kleinkindern schmeckt

Mosaik bei
GOLDMANN

Die Ratschläge in diesem Buch wurden von der Autorin und vom Verlag sorgfältig erwogen und geprüft, dennoch kann eine Garantie nicht übernommen werden. Eine Haftung der Autorin bzw. des Verlags und seiner Beauftragten für Personen-, Sach- und Vermögensschäden ist ausgeschlossen.

Bildnachweis:
Comstock: S. 8/9
Mosaik Verlag: S. 35, S. 51
Mosaik Verlag/Brauner: S. 14, S. 37
Mosaik Verlag/Goldmann: S. 119, S. 122
Mosaik Verlag/Newedel: S. 61, S. 72/73, S. 79, S. 81, S. 82, S. 84, S. 87, S. 92/93, S. 96, S. 101
Mosaik Verlag/Seiffe: S. 42
Mosaik Verlag/Teubner: S. 43, S. 44, S. 57, S. 65, S. 70
PhotoDisc: S. 17
Südwest Verlag/Eckert: S. 24/25
Südwest Verlag/Rehm: S. 90
Südwest Verlag/Velten: S. 30/31

Umwelthinweis:
Alle bedruckten Materialien dieses Taschenbuches
sind chlorfrei und umweltschonend.

1. Auflage
Taschenbuchausgabe Juni 2005
Wilhelm Goldmann Verlag, München,
ein Unternehmen der Verlagsgruppe Random House GmbH

Umschlaggestaltung: Design Team München
Umschlagfoto: Corbis/Gomez
Satz: Buch-Werkstatt GmbH, Bad Aibling
Druck: GGP Media GmbH, Pößneck
Verlagsnummer: 16738
CH · Herstellung: Stefan Hansen
Printed in Germany
ISBN 3-442-16738-8
www.goldmann-verlag.de

Inhalt

Baby- und Kleinkindküche: vollwertig und gesund 9

Lebensmittel statt Fertiggerichte 11
Inhaltsstoffe, die Kinder brauchen 12
Kinder mit Allergie-Risiko 18

Das erste halbe Jahr 25

Die Mutterbrust als Quelle von Gesundheit, Lust und Liebe 26
Die Ernährung des Flaschenkindes 28
Muss das Baby zusätzlich trinken? 28

Das zweite Halbjahr 31

Allerlei Gemüsebrei 33
Rezepte für Gemüsebrei 38
Und auch ein bisschen Fleisch 46
Rezepte mit Gemüse und Fleisch 48
Die Milch-Getreide-Mahlzeit am Abend 53
Milchprodukte fürs Baby 59
Und nachmittags gibt's Brei mit Obst 60
Getreide für die Babyküche 60
Früchte für Babys und Kleinkinder 64
Rezepte für Obst-Getreide-Brei 67

Kochen für Kleinkinder 73

Vollwertige Frühstücksideen 75
Häppchen für zwischendurch 80
Abendessen – mal warm, mal kalt 85
Was soll mein Kind trinken? 89

Alltagsgerichte und Festtagsspeisen 93

Rund um den großen Suppentopf 94
Quer durch den Gemüsegarten 100
Jetzt geht's in die Kartoffeln 107
Nudeln, Pizza & Co. 110
Süßes für Schleckermäuler und Naschkatzen 116

Register und Rezeptverzeichnis 123

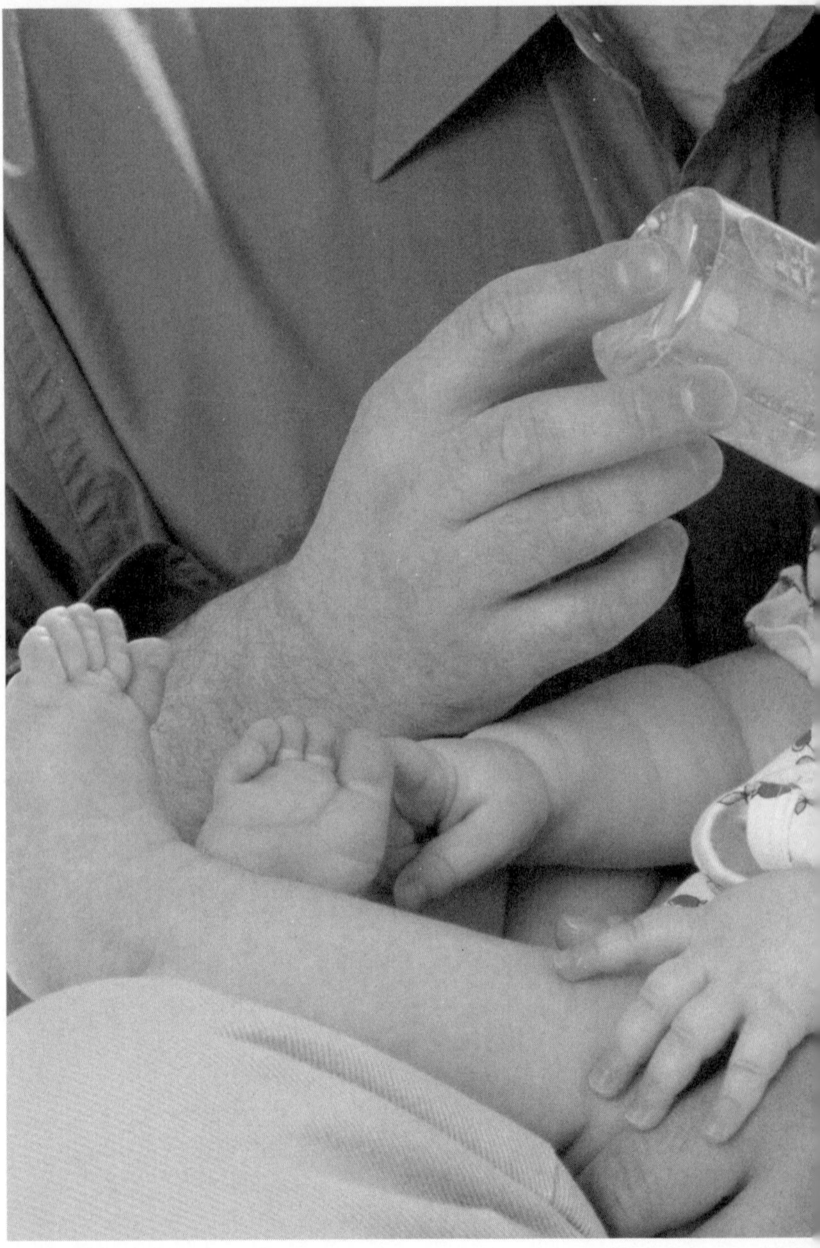

Baby- und Kleinkindküche: vollwertig und gesund

Gesundheit kann man essen – das gilt ganz besonders für Babys und Kleinkinder, die außer Luft und Liebe auch Grundnährstoffe und dazu ausreichend Vitamine und Mineralstoffe für eine gesunde Entwicklung brauchen.

Lebendig sollen sie sein, die Produkte, aus denen Sie die Mahlzeiten für Ihr Kind zubereiten – Lebensmittel im buchstäblichen und damit besten Sinn.

Lebendig aber sind nur Nahrungsmittel, die natürlich herangezogen wurden, die frisch und naturbelassen auf den Baby- oder Kinderteller kommen. Das gilt natürlich vor allem für Produkte, die Kinder roh genießen sollen, also für Obst und Gemüse.

- Wenn sie aus biologischem Anbau stammen,
- wenn also der Boden, auf dem sie gewachsen sind, nicht mit Mineraldüngern überfrachtet wurde,
- wenn sie nicht mit Hilfe von Chemie »geschützt« und konserviert worden sind,

– dann bieten sie dem Baby wie später dem Kleinkind Vitalstoffe in Fülle: Vitamine, Mineralstoffe, Spurenelemente, Ballaststoffe.

Kontrollierter Anbau und artgerechte Tierhaltung sollen aber auch Qualitätskriterien für all die anderen Lebensmittel sein, die die Baby- und Kleinkinderkost ausgewogen und abwechslungsreich machen. Das gilt für Getreideprodukte und Kartoffeln, für Milch, Sahne, Jogurt und Quark, für Geflügel und anderes Fleisch, für Eier und für Butter.

Auch das Auge isst mit – und zwar von Anfang an. Es sind nicht nur die hochwertigen Zutaten für Breis und Pürees, für Obst- und Gemüse-, Fleisch-, Fisch- und Kartoffelgerichte, die eine vollwertige Babyküche ausmachen; ebenso wichtig ist die vernünftige und zugleich fantasievolle Zubereitung, bei der die wertvollen Inhaltsstoffe so schonend wie möglich behandelt werden. Auch auf die Art und Weise, wie Sie dem Kind seine Mahlzeit anbieten, kommt es an. Das Essen soll ja nicht nur satt, sondern auch Spaß und Appetit machen, damit Ihr Kind einmal ein richtiger Genießer wird.

Deshalb kochen wir nicht mehr wie weiland unsere Großmütter graue Mehlbreis, triste Papps und fade Pürees, sondern achten auch auf eine gefällige Präsentation. Am Essen soll nicht nur der Gaumen, sondern auch das Auge Freude haben. Die Mahlzeiten sind ja schließlich Höhepunkte im Tagesablauf eines Babys, Augenblicke der Kommunikation – zuerst mit der Mutter, später mit der ganzen Familie. Und Essmuffel werden selten geboren, sondern fast immer zu solchen gemacht.

Lebensmittel statt Fertiggerichte

Eine ganze Müttergeneration hat sich – animiert durch einprägsame Werbesprüche und überzeugt vom Argument der Zeitersparnis – beglückt und begeistert auf die Fertigprodukte der Produzenten von Säuglings- und Kindernahrung gestürzt. Zwei bis drei Jahrzehnte lang türmten sich auf den Deponien die leeren Gläschen, Döschen und Fläschchen. Ihr Inhalt ließ sich einfach im Wasserbad (die unselige Mikrowelle war noch nicht erfunden) wärmen, die Menge war standardisiert. Baby bekam die vorgesehene Portion in den Mund gelöffelt, schluckte oder spuckte.

Doch die Fast-Food-Babykost hat zum Glück an Attraktivität

eingebüßt, spielt bei den Müttern von heute nur noch die zweite Geige. Konserven von guter Qualität – eignen sich gewiss für besondere Gelegenheiten und Ausnahmefälle, etwa am Urlaubsort und unterwegs. Im Alltag, zu den täglichen Mahlzeiten sollten auch Kleinstkinder schon Frischzubereitetes bekommen, das ihren besonderen Bedürfnissen Rechnung trägt und den kindlichen Geschmack in die richtige Richtung bildet.

Eltern können gezielt Produkte auswählen, die schadstoffarm herangezogen sind, die aus heimischem oder sogar eigenem Anbau stammen und die der jeweiligen Jahreszeit entsprechen. Das Baby bekommt von Anfang an seine Küche der Saison, denn es braucht so wenig wie die Erwachsenen Himbeeren oder Kirschen im Januar, Erdbeeren zu Weihnachten und Pflaumen im Mai.

Inhaltsstoffe, die Kinder brauchen

Natürlich haben nicht alle Kinder die gleichen Bedürfnisse, doch jedes Kind braucht bestimmte Nährstoffe in relativ genau festzulegender Menge und in ausgewogenem Verhältnis zueinander. Darauf sollten Sie bei der Zusammenstellung der Baby- und Kleinkindkost achten.

Eiweiß

An das Vorhandensein von Eiweiß sind alle Lebensvorgänge im Körper gebunden. Es besteht aus Aminosäuren, die zum Teil mit der Nahrung aufgenommen werden müssen, da der

Körper sie nicht selbst bilden kann. Aminosäuren haben wichtige Aufgaben im Stoffwechselgeschehen, sie dienen dem Aufbau und Wachstum. Der gestillte Säugling bezieht das notwendige Eiweiß aus der Muttermilch, die alle für ihn wichtigen Aminosäuren enthält. Später bekommt das Kleinkind Eiweiß aus Milchprodukten, Getreide, Gemüse, Fleisch, Geflügel, Fisch, aus Eiern, Sojaprodukten und Nüssen.

Kohlenhydrate

Muttermilch hat dem Kind auch Kohlenhydrate in optimaler Form und Zusammensetzung zu bieten. Da ist vor allem Laktose, der Milchzucker, den die Muttermilch zu 5 bis 7 Prozent, also in ausreichender Menge enthält. Was an Laktose nicht komplett verdaut wird, vergärt im Darm und sorgt dort für ein saures Milieu, in dem schädliche Bakterien kaum gedeihen können. Kohlenhydrate sind eine wichtige Energiequelle des Körpers. Sie müssen nach der Stillphase in der Baby- und Kleinkindnahrung im notwendigen Umfang enthalten sein. Babys bekommen sie zunächst in Form von Getreideflocken und Gemüse verabreicht. Sie sind nämlich reichlich vorhanden in Getreide, Kartoffeln und den meisten Gemüsearten. Diese Nahrungsmittel versorgen das Kind zugleich mit Mineral- und Ballaststoffen.

Fett

Dieser Grundnährstoff ist bei den Erwachsenen ganz zu Unrecht in Verruf geraten; denn der Körper braucht dringend Fett als Bestandteil der Zellmembranen, zur Herstellung der le-

benswichtigen Fettsäuren sowie zur Verwertung der fettlöslichen Vitamine A, D, E und K. Das Brustkind bekommt genügend Fett mit der Muttermilch (das Flaschenkind aus seiner Säuglingsanfangsnahrung), muss aber beim allmählichen Abstillen mit Fett versorgt werden, um für das rasante Wachstum des Körpers und seiner Organe gerüstet zu sein. Fett wird der Baby- und Kleinkindernahrung in Form von wertvollen pflanzlichen Ölen (Keimöl, Sonnenblumenöl, Sojaöl, Distelöl) und Butter zugesetzt.

Vitamine

Sie sind für Wachstum, Funktion der Organe und Stoffwechsel unerlässlich, auch wenn sie selbst gar keinen Nährwert haben, der in Kalorien oder Joule zu messen wäre. Der menschliche Körper kann Vitamine nicht selbst bilden, sie müssen deshalb von klein auf mit der Nahrung aufgenommen werden.

Vitamine – was sie bewirken und woher sie kommen

Vitamin A – Ein Mangel an Vitamin A äußerte sich früher bei Babys und Kleinkindern in einer Neigung zu Bindehautentzündung. Aber auch für Haut und Stoffwechsel ist dieses Vitamin wichtig. Abszesse, Mittelohrentzündung und Stoffwechselstörungen sind Zeichen von Vitamin-A-Mangel. Vitamin A steckt unter anderem in Möhren, Butter, Eigelb, Lebertran, Hagebutten, Aprikosen, Datteln, aber auch in Petersilie, Fenchelgrün, Löwenzahn und Brennnesseln.

Vitamin-B-Komplex – Diese Vitamine regulieren den Kohlenhydratstoffwechsel und die Zellatmung des Nervensystems. Vitamin-B-Mangel führt zu Stoffwechselstörungen, Nervenentzündung und anderen Beschwerden.

Vitamin B_1 (Thiamin, Aneurin) sorgt für Zellatmung und Wachstum. Es ist in Getreidekeimlingen und Hefe enthalten, aber auch in Sonnenblumenkernen, Sesam, Haferflocken, Vollkornreis und Kartoffeln. Mangel an diesem Vitamin führt zu Magen-Darm-Störungen, Appetitlosigkeit und anderen Beschwerden.

Vitamin B_2 (Riboflavin, Lactoflavin) ist für das Wachstum und die Energiegewinnung im Körper, für die Zellatmung und den Sehvorgang verantwortlich und z.B. in Getreidekeimen, Hefe, Milch, Jogurt, Hüttenkäse, Leber enthalten. Ein Defizit dieses wichtigen Vitamins kann zu Hautkrankheiten, Augenproblemen oder vegetativen Störungen führen.

Niacin (Nicotinsäure) gehört ebenfalls zum Vitamin-B_2-Komplex und hat für die Verwertung der Kohlenhydrate und Bildung der Fettzellen große Bedeutung. Enthalten ist dieses Vitamin, das eine günstige Wirkung auf die Verdauung hat, unter anderem in Getreide, Vollkornreis, Pilzen, Hefe, Fleisch, Fisch.

Vitamin B_6 (Pyridoxin, Adernin) wird für den Zellgewebsstoffwechsel und das Nervensystem benötigt. Es ist z.B. in vollwertigem Reis, in Mais und Hirse, in grünen Gemüsen, Eigelb, Hefe, Bananen, Kartoffeln enthalten. Ein Mangel daran führt zu Hauterkrankungen, Blutbild- und Nervenstörungen.

Vitamin B_{12} (Cobalamin) ist an der Blutbildung beteiligt und auch für die Aufrechterhaltung der Nervenfunktionen nötig. Aufgenommen wird es mit Eigelb, Milch, Leber und Fleisch. Ein Mangel an diesem Vitamin hat perniziöse Anämie zur Folge.

Vitamin C (Ascorbinsäure) – Dieses Vitamin hat wichtige Aufgaben bei der Infektabwehr und bei der Blutbildung zu erfüllen und ist auch am Zellstoffwechsel beteiligt. Brustkinder nehmen Vitamin C mit der Muttermilch auf; allerdings muss die Mutter reichlich frisches Obst und Gemüse essen. Größere Babys und Kleinkinder werden durch die verschiedenen Gemüsesorten und Obst in der Beikost ausreichend mit Vitamin C versorgt. Zu wenig Vitamin C führt zur Schwächung der Abwehrkräfte und zu Problemen bei der Wundheilung.

Vitamin D (Calciferol) – Unerlässlich für den Kalk- und Phosphorstoffwechsel und mit verantwortlich für Knochenbildung und Knochenfestigkeit ist dieses Vitamin. In der Muttermilch ist dieser antirachitische Faktor nur unzureichend vorhanden und muss deshalb zusätzlich in Form von Tabletten verabreicht werden. Kleinkinder und Erwachsene beziehen Vitamin D aus Hefe, Eigelb, aus Dorschleber, Fisch und Käse. Ein Mangel an Vitamin D führt zur Störung der Calcium-Aufnahme; als Folge davon härten die Knochen im Kindesalter nicht, und es kommt zu Rachitis.

Vitamin E (Tokopherol) – Dieses Vitamin ist ein Antisterilitätsfaktor und notwendig, um die mehrfach ungesättigten

Fettsäuren voll für den Organismus nutzbar zu machen. Es steckt in guten Pflanzenölen, vor allem Mais- und Weizenkeimöl, aber auch in Beerenfrüchten und Milch.

Mineralstoffe

Calcium ist nicht nur (wie Phosphor) für den Aufbau von Knochen und Zähnen unbedingt notwendig, sondern auch für funktionstüchtige Muskeln und Nerven sowie für die Blutgerinnung. Calcium wird durch Milch und Milchpro-

Vitaminreiches Obst und Gemüse sollte in der Kinderkost mit stark eisenhaltigen Nahrungsmitteln kombiniert werden.

dukte (Käse, Jogurt), Fisch, Grüngemüse, frische Kräuter, aber auch Nüsse und Samen zugeführt, die deshalb in der Baby- und Kleinkinderkost in ausreichendem Maße vorhanden sein müssen.

Eisen ist ein Bestandteil des roten Blutfarbstoffs und biologisch wichtig für die Speicherung von Sauerstoff und den Sauerstofftransport. Der lebenswichtige Mineralstoff wird zur Blutbildung dringend gebraucht.

Das Neugeborene wie der Säugling haben noch aus der Zeit vor ihrer Geburt ein gewisses Depot an Eisen und nehmen auch mit der Muttermilch Eisen auf. Später (also ab dem 5./6. Monat) liefern rotes Fleisch, Eigelb, Leber, getrocknete Hülsenfrüchte, Spinat, Mangold, Trockenobst und Vollkornflocken Eisen. Vitamin C fördert die Eisenaufnahme.

Kinder, die unter Eisenmangel leiden, wirken häufig müde und abgeschlagen und sind später in ihrer Konzentrations- und Lernfähigkeit beeinträchtigt.

Kinder mit Allergie-Risiko

Allergische Reaktionen können bei Kindern jeden Alters auftreten; die Wahrscheinlichkeit ist natürlich am größten, wenn ein Kind erblich belastet ist. Es verträgt dann eine oder mehrere in den Nahrungsmitteln enthaltene Substanzen nicht oder nicht mehr und reagiert darauf mit ganz unterschiedlichen Beschwerden.

Bei Lebensmittelallergien kann es nach der Aufnahme einer allergieauslösenden Substanz (sie wird als Allergen bezeichnet) durch das Baby oder Kleinkind zu Ausschlägen oder Nesselsucht, zu Erbrechen und Durchfall, aber auch zu mehr oder weniger schweren Asthmaanfällen kommen.

Bei manchen Kindern genügt bereits eine winzige Spur des Allergens, um eine mehr oder minder starke Unverträglichkeitsreaktion zu bewirken; andere Babys vertragen eine allergene Substanz in kleinen Mengen und reagieren erst beim Überschreiten einer bestimmten Dosis allergisch.

Wie es zur allergischen Reaktion kommt

Wenn das Baby oder Kleinkind ein Lebensmittel isst, das ein Allergen enthält, werden in seinem Organismus Antikörper gebildet, die gegen die allergene Substanz massiv Front machen. Diese Maßnahme und weitere Abwehrmechanismen des Körpers aber führen schließlich zu den gefürchteten Reaktionen. Im Allgemeinen erfolgen sie schon bald nach Aufnahme des Allergieauslösers (nach etwa 10 bis 15 Minuten); in einigen Fällen kann es aber auch mehrere Stunden oder gar Tage dauern, bis eine Reaktion erfolgt.

Nahrungsmittel, die Allergien auslösen können

Kuhmilch. Die meisten Unverträglichkeitsreaktionen löst bei Babys und Kleinkindern die Kuhmilch aus. Der allergene Inhaltsstoff ist hier das in der Milch enthaltene Eiweiß. In der Muttermilch kommt es nicht vor. Deshalb ist es so wichtig, dass ein (durch erbliche Veranlagung) allergiegefährdetes Kind so lange wie irgend möglich gestillt wird, und zwar ausschließlich. Es soll bis zum Alter von 6 Monaten – am besten noch länger – keinerlei Zusatznahrung bekommen. Wenn es dann nach einer so langen Stillzeit die übliche Babynahrung zu sich nimmt, tritt oftmals keine allergische Reaktion mehr auf.

Kann eine Mutter ihr möglicherweise allergisch reagierendes Baby nicht lange genug stillen, sollte sie eine hypoallergene Säuglingsnahrung füttern. Bis zum Alter von 12 Monaten darf ein allergiegefährdetes Kind keine Kuhmilch bekommen; es wird statt dessen mit einem Milchersatzprodukt ernährt, das keine allergenen Substanzen enthält.

Auch Milchprodukte wie Butter, Sahne, Jogurt, Buttermilch oder Quark können bei entsprechend veranlagten Kindern Allergien auslösen.

Eier. Da auch das Eiweiß von Hühnereiern zu allergischen Reaktionen führen kann, sollten Sie Ihrem Baby vor Ablauf des 6. bis 7. Lebensmonats überhaupt kein Ei geben und danach nur relativ selten (einmal pro Woche) etwas Eigelb. Reagiert ein Kind auch im 2. Lebenshalbjahr noch allergisch auf Hühnereiweiß, darf es keine Eier und natürlich auch keine mit Ei hergestellten Produkte wie Eiernudeln, Kuchen, Kekse usw. essen.

Getreide. Eine Unverträglichkeit besonderer Art ist die kindliche Reaktion auf einen Inhaltsstoff, der in mehreren Getreidearten enthalten ist: das Gluten. Sie kann, wie andere Allergieformen auch, von den Eltern oder einem Elternteil vererbt sein. Verträgt ein Kind das Gluten in Weizen, Hafer,

Nicht überreagieren!

Wenn Sie den Eindruck haben, dass Ihr Kind auf Kuhmilch oder ein anderes Produkt, das in seiner Beikost enthalten ist, allergisch reagiert, sollten Sie trotzdem dieses Nahrungsmittel nicht gleich rigoros aus der Nahrungsmittelpalette streichen, sondern es dem Baby noch einige Male – vielleicht in anderer Zusammensetzung oder zu verschiedenen Tageszeiten – anbieten. Beobachten Sie, wie es sich auswirkt. Manchmal hat eine nach erstem Augenschein allergische Reaktion ganz andere Ursachen: Eine Unpässlichkeit oder auch schmerzhaftes Zahnen kann der Grund für eine solche Reaktion sein.

Gerste und Roggen nicht, kann dies zu der gefürchteten Darmkrankheit Zöliakie führen.

Da der kindliche Organismus nicht fähig ist, Gluten abzubauen, kommt es zu Durchfall, zur Aufblähung des Bauches, zum Abbau des Fettgewebes, zur Schädigung der Darmschleimhaut. Bei einer Umstellung des Babys auf absolut glutenfreie Ernährung verschwinden die Symptome wieder.

Getreidearten wie Reis, Mais und Hirse enthalten gar kein Gluten; deshalb kann auf glutenhaltige Nahrungsmittel – zumindest in den ersten 6 Monaten, aber auch noch länger – problemlos verzichtet werden. Das bedeutet allerdings, dass weder Flocken noch Mehl, Grieß oder Nudeln aus den glutenhaltigen Getreidearten bei der Nahrungszubereitung Verwendung finden und dass das Kind darüber hinaus auch sonstige Produkte, die mit Weizen, Hafer, Roggen oder Gerste hergestellt werden, nicht essen darf, also weder Süßspeisen, Ku-

Keine Ausnahmen für Allergie-Babys!
Damit Ihre Bemühungen, das Baby vor Allergenen zu schützen nicht (aus Unwissenheit) untergraben werden, sollten Großeltern, Tagesmutter, Babysitter und andere Personen, die Ihr Kind gelegentlich betreuen, genau über Ernährungsvorschriften und »verbotene« Lebensmittel Bescheid wissen.

chen oder Kekse noch Wurstsorten mit Mehl und andere Fertigprodukte. Auch bei der Zubereitung von Fleisch-, Fisch- oder Gemüsegerichten dürfen dann auf keinen Fall Mehl, Grieß oder Flocken aus glutenhaltigem Getreide verwendet werden.

Zitrusfrüchte. Manche Babys zeigen allergische Reaktionen auf Orangen- oder Mandarinensaft; sie vertragen die Fruchtsäuren einiger Obstarten einfach nicht. Das können auch Erdbeeren oder andere Beerenfrüchte sein. Meist kommt es bei ihnen als Reaktion zu Hautausschlägen.

Nüsse. Schon geringe Anteile von gemahlenen Nüssen oder Samen in der Babynahrung lösen bei entsprechend veranlagten Kindern Unverträglichkeitssymptome wie Ausschläge oder Schlimmeres aus.

Weitere potenzielle Allergieauslöser: Bestimmte Inhaltsstoffe von Fisch, Muscheln, Hülsenfrüchten, Süßigkeiten, Tomaten, Zwiebeln, Gewürzen.

Die Prognose für Allergie-Babys

Manche Allergien des Säuglings- oder Kleinkindalters verschwinden plötzlich spurlos, »verwachsen« sich sozusagen. Trotzdem ist es günstig, ein allergiegefährdetes Kind von Zeit zu Zeit testen zu lassen, um Sicherheit darüber zu bekommen, ob eine Allergie noch besteht.

Das erste halbe Jahr

Beim Stillen oder dem liebevollen Füttern mit dem Fläschchen bekommt Ihr Kind jedes Mal zugleich eine ganze Portion Zuneigung, Aufmerksamkeit und Fürsorge.

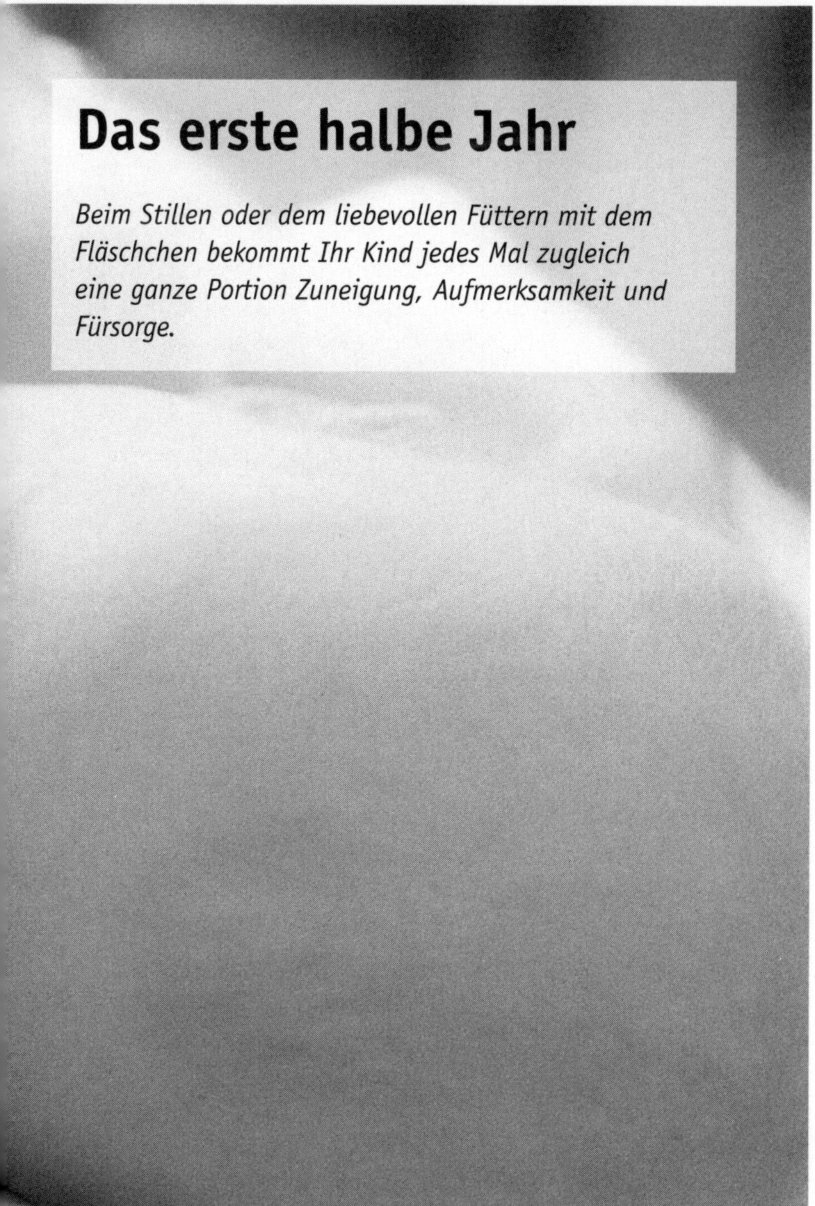

Die Mutterbrust als Quelle von Gesundheit, Lust und Liebe

Dass die Mutter ihr Kind von Anfang an und möglichst mehrere Monate lang stillen sollte, ist zum Glück wieder eine Binsenweisheit geworden. Tatsächlich gibt es keine natürlichere, einfachere und sicherere Ernährungsform für das Baby. Auch eine gewisse Schadstoffbelastung ändert daran nichts.

Der Nahrungsquell beginnt schon in den ersten Tagen nach der Geburt zu tröpfeln – mit dem sanften, eiweißreichen Sekret, der Vormilch, die auch Kolostrum heißt. Sie gibt dem Kind von Anfang an die nötige Widerstandskraft und macht es ihm dank des darin enthaltenen Immunglobulins A leichter, mit Krankheitskeimen fertig zu werden, die es in seinen ersten Lebenstagen gefährden können. Der Abwehrstoff übernimmt im Darm des Babys eine Wächterfunktion.

Die wahre Milch-Vollwertkost hat die Mutter dem Säugling dann nach einigen Tagen zu bieten; sie enthält alle wichtigen Nährstoffe in idealer Zusammensetzung. Auch perfekte Flaschennahrung kommt an die vollkommene und ausgewogene Qualität der Muttermilch nicht heran.

Muttermilch nährt das Kind nicht nur optimal, sondern schützt es zugleich vor Infektionen. Dazu wird sie – wenn der Milchfluss erst in Gang gekommen ist – stets in der benötigten Menge bereitgestellt. Je begeisterter das Kind trinkt, desto reichlicher der Milchfluss. Es gibt kein Zuwenig und kein Zuviel.

Was stillende Mütter essen und trinken sollten

- Die Ernährung kann im Großen und Ganzen der in der Schwangerschaft entsprechen, die Nahrungsmenge und damit die Energiezufuhr sollte – verglichen mit der Normalkost – jedoch um rund 500 Kalorien höher sein.
- Die Grundnährstoffe, also Eiweiß, Kohlenhydrate und Fett, dazu Mineralstoffe und Vitamine, müssen ausreichend in der Nahrung vorhanden sein, und zwar in ausgewogener Form.
- Die Mutter sollte sich möglichst vollwertig ernähren und schadstoffarme, natürlich erzeugte Lebensmittel bevorzugen.
- Die tägliche Trinkmenge ist bei Stillenden höher, als es dem normalen Bedarf entspricht; sie beträgt etwa zwei Liter. Ungünstig können sich Zitronensaft, kohlensäurehaltiges Mineralwasser, koffeinhaltige Getränke (Cola, Kaffee, Tee) auswirken.
- Die Mutter braucht zwar eine Menge vitaminreiches Obst und Gemüse, doch verzichtet sie besser auf Zitrusfrüchte, saure Beeren, blähendes Gemüse (Zwiebeln, Lauch, Kohlarten, Hülsenfrüchte) und Mixed Pickles. Auch scharfe Gewürze und rohes Fleisch in der mütterlichen Kost können sich nachteilig auf das Baby auswirken.

Entsprechend dem Bedarf des Kindes wird im Laufe der Stillzeit die Zusammensetzung der Milch eine andere; das Nährstoffangebot variiert also in den verschiedenen Phasen der Stillzeit etwas. Es richtet sich aber auch nach dem Essverhalten der Mutter.

Die Ernährung des Flaschenkindes

Das A und O der Babynahrung im ersten Lebensjahr ist Milch, ganz gleich, ob sie aus der Mutterbrust quillt oder aus dem Fläschchen gesogen wird. Im ersten Halbjahr seines Lebens wird das Kind fast ausschließlich mit Milch ernährt.

Falls die Mutter ihr Kind nicht stillen kann oder will, muss sie künstliche Säuglingsnahrung füttern und sich dazu eingehend mit dem Kinderarzt beraten. Die von verschiedenen Herstellern angebotenen Säuglingsanfangsnahrungen sind in ihrer Zusammensetzung der Muttermilch so ähnlich wie möglich; sie versorgen das Kind mit allem, was es in den ersten Lebensmonaten braucht. Ist das Baby auf ein bestimmtes Produkt eingestellt, sollten Sie auf jeden Fall dabei bleiben. Auf einen Wechsel bei der Säuglingsanfangsnahrung könnte das Kind mit Verdauungsproblemen reagieren.

Bei der Zubereitung der Milchnahrung sollte sich die Mutter genau an die Empfehlungen des Herstellers halten und auf peinliche Sauberkeit von Fläschchen und Sauger achten.

Früher als das gestillte Kind, nämlich im Alter von 4 bis 5 Monaten, braucht das Flaschenkind bereits zusätzliche Kost, am besten in Form von Gemüsebrei.

Muss das Baby zusätzlich trinken?

Ein gestilltes Kind bekommt mit der Muttermilch ausreichend Flüssigkeit und braucht darüber hinaus weder Wasser noch Tee. Muss Ihr Baby allerdings an heißen Sommertagen stark schwitzen, können Sie ihm etwas abgekochtes Wasser im Fläschchen anbieten. Dasselbe gilt für Flaschenkinder, die bei großer Hitze auf jeden Fall zusätzlich abgekochtes Wasser bekommen sollten. Auch bei Durchfall oder Fieber ist eine kleine Wassergabe oder etwas Tee angezeigt.

Leitungs- oder Mineralwasser?

Falls der Nitratgehalt Ihres Trinkwassers hoch ist (Grenzwert: 50 mg pro Liter), sollten Sie dem Baby nur stilles Mineralwasser (achten Sie auf den Hinweis »für die Zubereitung von Babynahrung geeignet«) zu trinken geben und auch die Säuglingsnahrung nur damit anrühren. Den Nitratgehalt Ihres Wassers erfahren Sie beim zuständigen Wasserwerk.

Fenchel-, Anis- oder Kümmeltee eignen sich als Babygetränk; sie lindern auch Bauchschmerzen. Kaufen Sie Tees aus biologischem Anbau. Etwa ab dem 7. Monat können Kinder auch andere Kräutertees trinken. Wechseln Sie die Teesorte öfter, bis Sie wissen, was Ihrem Kind am besten schmeckt. Da Kräutertees auch medizinische Wirkstoffe haben, darf die Dosierung nur ganz schwach sein (z.B. eine Messerspitze Fenchel oder Kümmel auf eine große Tasse kochendes Wasser).

Süße Fertigtees (aus Instantpulver) oder gesüßte Säfte sind für Babys und Kleinkinder ungeeignet, auch wenn die Hersteller sie als so genannte Kindertees oder -säfte verkaufen. Sie schaden nicht nur den Zähnen, sondern führen auch zur frühzeitigen Gewöhnung an Süßes.

Das zweite Halbjahr

Endlich Essen zum Anfassen – Baby kostet seinen ersten Brei und erfährt, was man mit einem Löffel und Gemüse auf dem Teller noch alles anstellen kann.

Beginn des Breialters

Kinder, die alle Mahlzeiten des Tages aus der Mutterbrust beziehen, brauchen meist vor Ablauf eines halben Jahres keinerlei zusätzliche Nahrung. Aber auch Flaschenkinder sind in den ersten Monaten ihres Lebens mit der Säuglingsanfangsnahrung bestens versorgt; für sie beginnt allerdings das Breitzeitalter ein paar Wochen früher als für Brustkinder.

Zufüttern – aber wann?

Ab wann ein Baby mehr braucht als Muttermilch oder Flaschennahrung, gibt es den Eltern schon zu verstehen. Es ist dann nach den Mahlzeiten nicht mehr satt, zufrieden und schläfrig, sondern eher unruhig, und es schläft auch nachts nicht mehr so fest und selig. Schön langsam braucht es einfach feste Nahrung.

Wenn das Flaschenkind 4 bis 5, das Brustkind 5 bis 6 Monate alt ist, bieten Sie ihm zu einer Mahlzeit – am besten mittags – außer Mutterbrust oder Flasche ein wenig Möhrenbrei und im Wochen- oder 2-Wochen-Rhythmus auch andere Gemüse an. Diese Breie sollen nicht etwa gleich die ganze Mahlzeit ersetzen, sondern eine Art Vor- oder Nachspeise sein. Das Baby bekommt in den ersten Tagen nicht mehr als 1 bis 2 Teelöffelchen Gemüse, um sich ganz allmählich an den Geschmack und die Konsistenz des ihm neuen Nahrungsmittels zu gewöhnen.

Allerlei Gemüsebrei

Nach all den Monaten gemütlichen Saugens an der Mutterbrust oder am Sauger des Fläschchens ist die Aufnahme von Nahrung mit einem »Werkzeug« natürlich gewöhnungsbedürftig. Statt zu saugen, muss das Baby nun selbsttätig »kauen« und schlucken. Das verlangt eine gewisse Umstellung.

Kommt der erste Löffel Brei, den Sie Ihrem Kind füttern, postwendend wieder zurück, muss das nicht heißen, dass es die Möhren nicht mag. Es schiebt einfach die Zunge nach vorn wie beim bisher gewohnten Trinken. Erst nach einiger Übung hat es die Technik raus. Der Löffel aus Kunststoff (es gibt spezielle Babylöffel) sollte übrigens möglichst flach sein, damit der Brei richtig in den Mund gelangt und auch dort bleibt.

Weist Baby aber den Möhrenbrei mehrmals deutlich und kategorisch als Zumutung zurück, bekommt es, nachdem Sie ihm noch ein- oder zweimal versuchsweise ein Löffelchen voll in den Mund geschoben haben, die gewohnte Flasche oder die Mutterbrust zum Sattessen bzw. -trinken.

Am nächsten Tag wird das Angebot in aller Ruhe wiederholt. Sie haben nicht den geringsten Grund zur Aufregung, wenn der Gemüsebrei vom Kind einige Tage lang ganz offenbar nicht goutiert wird. Es dauert dann eben etwas länger, bis es sich ans Füttern gewöhnt.

Falls Sie das Gefühl haben, dass Ihrem Kind der Geschmack des Breis fremd ist und ihm nicht behagt, können Sie ihn vorläufig mit ein paar Löffeln der Flaschennahrung bzw. mit etwas Muttermilch vermischen und so erneut anbieten.

Tipps zum Füttern

- Probieren Sie mit einem Extralöffel Geschmack, Konsistenz und Temperatur des Breis.
- Verwenden Sie keinen Löffel aus Metall, sondern einen speziellen Babylöffel aus Kunststoff.
- Wegen der Miniaturmengen, die anfangs gebraucht werden, lohnt es sich nicht, den Brei selbst zu kochen. Das erste Gemüse kann aus dem Gläschen kommen. (Achten Sie aber auf die Herkunft aus kontrolliertem Anbau!) Dann können Sie zudem sicher sein, dass sich der Nitratgehalt vom Gemüse in Grenzen hält. Ein einmal angebrochenes Gläschen darf nicht länger als einen Tag im Kühlschrank aufgehoben werden. (Den Rest bekommt die Mutter oder ein größeres Geschwister.)
- Der einmal angebotene und dann verschmähte Brei darf nicht noch einmal aufgewärmt werden.
- Baby bekommt eine Woche lang täglich denselben Brei angeboten, damit es sich an den Geschmack gewöhnt und Sie sicher wissen, ob es ein bestimmtes Lebensmittel verträgt. Dann kommt das nächste Gemüse an die Reihe und wird ebenfalls 7 Tage lang gefüttert, und so geht's weiter.

Gemüsearten, die Kinder mögen

Als Lieferanten von Vitaminen, Mineralstoffen, Spurenelementen und unverdaulichen Ballaststoffen haben Gemüse für die menschliche Ernährung eine so große Bedeutung, dass sie auf dem täglichen Speiseplan von Kindern jeden Alters unverzichtbar sind. Deshalb spielen Möhren, Spinat, Kürbis, Fenchel, Zucchini und andere Gemüse schon in der ersten Breikost des Babys eine Hauptrolle.

- Wichtig ist, dass Baby-Gemüse aus biologischem Anbau stammt, also ohne Einsatz von chemischen Dünge- und Pflanzenschutzmitteln herangezogen wurde. Nur dann kann es seine Aufgabe als Vitamin- und Mineralstoffspender wirklich erfüllen.
- Alle Gemüse, vor allem Blattgemüse und Salate, müssen mehrmals gründlich mit warmem Wasser gewaschen werden.
- Die günstigste Gartechnik ist das Dämpfen, weil dabei die kostbaren Inhaltsstoffe weitgehend erhalten bleiben.

Möhren/Karotten. Unter den Wurzelgemüsen sind Möhren für die Ernährung von Babys und Kleinkindern besonders günstig. Sie enthalten nämlich sehr viel Karotin, die Vorstufe von Vitamin A. Babys, die reichlich Karotten bekommen, zeigen eine leichte Orangefärbung der Haut, haben also eine »gesunde« Farbe; insgesamt ist dieses Wurzelgemüse eine Wohltat für Haut und Augen. Da das Vitamin A in den Möhren fettlöslich ist, kommen in den Babybrei auch ein paar Tropfen gutes Öl oder etwas Butter. Als Rohkost eignen sich Karotten erst vom 8. bis 9. Monat an; sie müssen allerdings sehr fein gerieben werden, damit das Kind sich nicht daran verschluckt.

Kürbis und Zucchini. Beide Gemüse sind in pürierter Form leicht und bekömmlich für Babys. Sie enthalten kaum Kohlenhydrate, dafür aber reichlich Vitamin C und Vitamin A. Reifer Kürbis hat einen leicht süßlichen Geschmack, der den meisten Kindern von Anfang an sympathisch ist. Kürbis wie Zucchini können neben Möhren ab dem 5. bis 6. Monat als Beikost angeboten werden.

Fenchel. Wie wohltuend dieses Gemüse und seine Samen wirken können, wussten schon unsere Großmütter; sie kochten einem Baby, das offensichtlich Bauchweh hatte und Beruhigung brauchte, einen dünnen Tee aus Fenchelsamen. Die Inhaltsstoffe des Fenchels (ätherische Öle, Schleim, Zucker, Eiweiß) brachten bald Linderung. Aber auch das Gemüse selbst wird schon ab dem 6. bis 7. Lebensmonat gut vertragen. Die geputzten Knollen werden gekocht und püriert und zu einem milden Gemüsepüree verarbeitet.

Kartoffeln. Sie bilden in unserer Ernährung wie in der Kost unserer Kinder wirklich ein Kapitel für sich. Aus ihnen lässt sich, wenn das Baby erst einmal 6 Monate alt ist, ein feines Püree bereiten, sie können aber auch den Möhren- oder Zucchini-Brei reicher machen oder größere Kinder in Form von Kartoffelschnee, Puffern, Ofenkartoffeln, Schupfnudeln oder Knödeln zum Essen animieren. Kartoffeln schmecken und nähren gleichermaßen. Mit ganz fein gehackten Kräutern oder mitgekochtem und -püriertem Kümmel werden Kartoffelgerichte noch würziger und bekömmlicher. Wichtige Inhaltsstoffe sind Kalium und Magnesium sowie das reichlich vorhandene Vitamin C.

Noch mehr Gemüse für Babys und Kleinkinder

Wurzelgemüse: Pastinaken, Schwarzwurzeln, Sellerie, Petersilienwurzeln, Süßkartoffeln, Rote Bete

Blattgemüse: Mangold, Sauerampfer, Blattsalate

Fruchtgemüse: Gurken, Paprikaschoten, Auberginen, Tomaten

Hülsenfrüchte: Erbsen, Grüne Bohnen

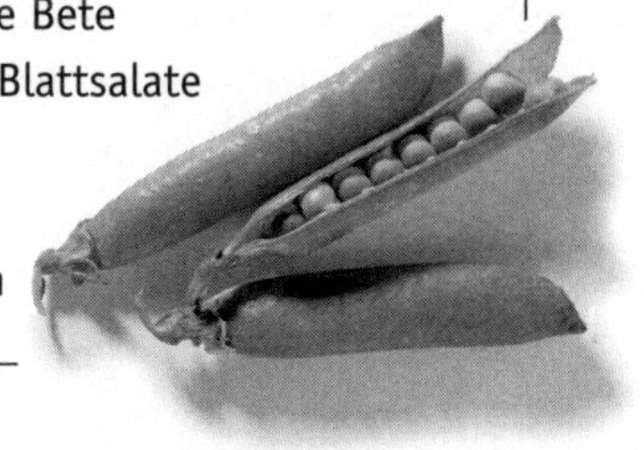

Spinat. Über dieses Blattgemüse gehen die Meinungen zwar auseinander, doch der Wert seiner Inhaltsstoffe ist eigentlich unstrittig. Spinat enthält außer zahlreichen Mineralstoffen (darunter allerdings nicht so viel Eisen, wie man irrtümlich so lange geglaubt hat) vor allem die Vitamine A und C. Leider wird das in den Blättern enthaltene Nitrat, vor allem bei längerer Lagerung und beim Wiederaufwärmen, in toxisch wirkendes Nitrit umgebildet. Spinat darf auf keinen Fall wieder aufgewärmt werden! Spinat aus kontrolliertem Anbau, der mehrmals gründlich gewaschen und ganz frisch gekocht wird, ist auf jeden Fall auch als Kinderkost geeignet.

Tägliche Gemüsemenge für Babys und Kleinkinder

5. bis. 6. Monat: 2 TL bis 100 g

7. bis 8. Monat: 100–150 g

9. bis 12. Monat: 180 g

2. bis 3. Jahr: 120–150 g

Rezepte für Gemüsebrei

Die Zubereitung der ersten Gemüsebreie ist selbst für im Kochen völlig ungeübte Mütter und Väter kinderleicht. Pürees in verschiedenen Farben sind für Baby besonders interessant und appetitanregend. Bei jedem neuen Gemüse sollten Sie etwas Muttermilch oder Flaschennahrung unter den Brei mischen.

Möhrenpüree

Es lohnt sich erst, mit dem Kochen von Babymahlzeiten zu beginnen, wenn Ihr Kind bereits 50 bis 100 Gramm davon isst; das ist meist erst nach einer ein- bis zweiwöchigen Gewöhnungsphase der Fall. Bis dahin versorgen Sie das Baby mit jungen Möhrchen aus dem Glas, also mit Fertiggemüse. (Machen Sie für jede Mahlzeit ein frisches Gläschen auf. Den Rest mögen vielleicht Sie oder ein größeres Geschwister essen.)

100 g junge Möhren
Wasser zum Dämpfen oder Kochen
½ TL Keimöl oder Sojaöl

Die Möhren schälen, waschen und in Scheiben oder Stücke schneiden. Über Dampf garen oder in ganz wenig Wasser gar kochen. Die weichen Möhren im Mixer pürieren oder mit dem Pürierstab zu feinem Mus zerkleinern. Nach Bedarf etwas abgekochtes Wasser zufügen. Das Öl untermischen.

Babyportionen

Die Größe der Portionen lässt sich am Anfang noch nicht genau einschätzen. Der Appetit auf Gemüsebrei ist bei jedem Kind unterschiedlich groß. Sobald sich zeigt, wie viel Ihr Baby bei einer Mahlzeit mag, bereiten Sie die entsprechende Menge frisch zu. Nach einiger Zeit können Sie aber auch schon ein wenig Vorratswirtschaft betreiben, gleich mehrere Portionen zubereiten und das Gemüse im Eiswürfelbehälter portionsweise einfrieren. Die Würfel kommen einzeln in kleinen Beuteln ins Gefriergerät und werden nach Bedarf innerhalb einiger Tage verbraucht. Reste einer Mahlzeit sollen auf keinen Fall (auch nicht im Kühlschrank) aufgehoben und wieder aufgewärmt werden.

Zucchinipüree

Sobald Baby sich an das Möhrenpüree gewöhnt hat und ihm das angenehm süße Gemüse offenbar schmeckt, kommt eine neue Gemüsesorte an die Reihe.

150 g Zucchini (geschält und entkernt)
Wasser zum Dämpfen
1 TL Keim- oder Sonnenblumenöl

Die Zucchinihälften in Würfel oder Stücke schneiden und über wenig Wasser auf einem Siebeinsatz gar dämpfen. Das Gemüse im Mixer oder mit dem Pürierstab ganz fein pürieren. Das Öl unterrühren.

Kürbispüree

Den verschiedenen Kürbisarten ist gemeinsam, dass sie den meisten Babys von Anfang an gut schmecken und auch problemlos vertragen werden.

150 g Kürbisfleisch (ohne Schale, Kerne und grobe Fasern)
Wasser zum Dämpfen
1 TL Keim- oder Sonnenblumenöl

Das Kürbisfleisch in Würfel schneiden und auf dem Siebeinsatz eines Dampftopfes schonend garen. Die Kürbisstücke pürieren und dabei nach Bedarf mit etwas Wasser aus dem Dampftopf verrühren. Das Öl zum Schluss unter das Püree mischen.

Sie können die Kürbisstücke auch mit etwas Öl bestreichen und in einer feuerfesten Form im Backofen (180 °C) garen.

Kürbispüree mit Kartoffeln

Zur Abwechslung bekommt Baby nach den ersten Gemüsewochen eine Mischung aus Gemüse- und Kartoffelbrei.

1 Kartoffel (50–75 g)
Wasser zum Kochen
100 g Kürbisfleisch (ohne Schale, Kerne und grobe Fasern)
Wasser zum Dämpfen
1 TL Butter

Die Kartoffel sauber bürsten und in wenig Wasser in der Schale gar kochen.

Das Kürbisfleisch in Stücke schneiden und über Dampf garen (oder wie beschrieben im Backofen in einer feuerfesten Form). Die Kartoffel abziehen und zusammen mit dem Kürbisfleisch pürieren. Wenn nötig, etwas Wasser aus dem Dampftopf zufügen.

Zum Schluss die Butter unterrühren.

Fenchelmus

Sie können nun schon etwas größere Portionen zubereiten, von denen Sie selbst oder auch größere Geschwister mitessen. Oder Sie frieren einen Teil des Gemüses für einen der nächsten Tage ein. Der Verlust an wertvollen Inhaltsstoffen hält sich bei dieser Konservierungsmethode wirklich in Grenzen.

1 Fenchelknolle (300–400 g)
Wasser zum Dämpfen oder Kochen
1 EL Keimöl

Die Fenchelknolle sorgfältig putzen, harte Teile und den Strunk wegschneiden. Das Gemüse waschen und in kleine Würfel schneiden. Fenchelstücke auf dem Siebeinsatz über Dampf garen oder in wenig Wasser weich kochen. Das Gemüse mit etwas Wasser vom Dämpfen oder Kochen im Mixer pürieren oder mit dem Pürierstab fein zerkleinern. Das Keimöl unterrühren.

Baby-Gemüse dämpfen

Sie brauchen gar nicht unbedingt einen Dampfkochtopf. Es gibt Siebeinsätze in vielen Größen, die in jeden gut zu verschließenden Topf passen. Beim Dämpfen bleiben die wertvollen Inhaltstoffe, aber auch Geschmack und Aroma der Gemüse am besten erhalten. Dämpfen ist übrigens nicht nur für Babybrei sondern auch für die Familienküche die günstigste Garmethode!

Spinatgemüse

Im 7. bis 9. Monat bekommt Ihr Baby auch Spinat angeboten. Da sein Geschmack meist gewöhnungsbedürftig ist, sollten sie ihn anfangs mit etwas Flaschennahrung oder, falls Sie noch stillen, mit ein bisschen Muttermilch vermischen.

150 g Spinat
1 TL Butter
etwas abgeriebene Muskatnuss

Die Spinatblätter sorgfältig verlesen, lange Stiele abschneiden, das Gemüse mehrmals lauwarm waschen. Die Spinatblätter tropfnass in einen Topf geben und zugedeckt bei ganz schwacher Hitze in etwa 12 Minuten garen (aufpassen, dass die Blätter nicht anbrennen!). Den Spinat auf ein Sieb gießen und mit kaltem Wasser abschrecken. Gut abtropfen lassen und dann auch noch mit der Hand die Flüssigkeit ausdrücken. Den Spinat im Mixer pürieren oder mit dem Pürierstab zerkleinern. Die Butter erwärmen und das Püree damit verrühren. Mit etwas Muskat abschmecken. Zum Spinatgemüse schmecken ein paar Teelöffelchen feiner Kartoffelbrei; er macht das Gemüse für den Babygaumen milder.

Kartoffelbrei

Dieses Püree ist ein hochwertiges Gericht, doch können damit auch sämtliche Gemüsegerichte im Geschmack milder gemacht oder – je nach Appetit Ihres Babys – zu größeren Mahlzeiten erweitert werden.

200 g mehlig kochende Kartoffeln
1 TL Butter
1 TL gemischte, ganz fein gehackte Kräuter

Die Kartoffeln gründlich unter fließendem Wasser bürsten und dann in wenig Wasser weich kochen. Die Kartoffeln abgießen, pellen und ganz fein zerstampfen oder durch eine Kartoffelpresse drücken. Die Butter untermischen. Nach Jahreszeit und Geschmack des Babys verschiedene Kräuter dazugeben, zum Beispiel Petersilie, Dill, Fenchelgrün oder Schnittlauch.

Wichtig: Nur neue Kartoffeln ohne »Augen« und grüne Stellen für Babys Kartoffelbrei verwenden.

Baby-Kräuter und -Gewürze

Wenn Ihr Kind 7 bis 8 Monate alt ist, können Sie seine Gemüsemahlzeiten mit verschiedenen zarten Kräutern verfeinern und ihm damit weitere Inhaltsstoffe und Aromen bieten. Mischen Sie fein gehacktes Fenchelgrün und Petersilie, Schnittlauch und Dill, Kerbel und Pimpinelle unter Gemüse- und Kartoffelpürees. Ins Koch- oder Dämpfwasser von Kartoffeln und manchen Gemüsen (z.B. Kürbis, Zucchini, Möhren) geben Sie eine Messerspitze Fenchel- oder Kümmelsamen, die Sie je nach Zubereitung nachher herausfischen oder mitpürieren.

Denken Sie immer daran, dass Salz in Babybreis nichts zu suchen hat!

Kohlrabibrei

Kohlrabi gehört zu den Gemüsesorten, die Babys gern mögen und die ihnen ab dem 7. Monat gut bekommen.

1 zarte Kohlrabiknolle (ca. 300 g)
Wasser zum Dämpfen oder Kochen
1 Petersilienzweig
1 TL Butter

Die Kohlrabiknolle dick schälen und in Stücke oder Stifte schneiden (darauf achten, dass keine holzigen Teile enthalten sind!). Über Dampf garen oder in ganz wenig Wasser weich kochen. Den Petersilienzweig waschen, den Stiel entfernen. Kohlrabi und Petersilie im Mixer oder mit dem Mixstab pürieren und nach Bedarf noch etwas Dämpf- oder Kochwasser dazugeben. Das Püree in der zerlassenen Butter erwärmen.

Brokkolipüree

Da Ihr Baby im Alter zwischen 9 und 12 Monaten sicher schon ein begeisterter Gemüseesser geworden ist und die Mahlzeiten nun üppiger ausfallen können, darf der Gemüsebrei ruhig dann und wann auch mit einer Mehlschwitze und einem Löffelchen mehr Sahne etwas sättigender zubereitet werden.

200 g Brokkoliröschen
Wasser zum Dämpfen oder Kochen
2 Petersilienzweige
1 EL Keim- oder Sojaöl
1 TL Vollkornmehl oder ausgemahlenes Mehl mit Keimen (je nach Verträglichkeit)
1 TL Sahne

Den Brokkoli waschen, die Stielenden schälen. Die Röschen über Dampf oder in wenig Wasser garen. Petersilie waschen, die Stiele abschneiden. Den Brokkoli und die Petersilie im Mixer pürieren oder mit dem Pürierstab fein zerkleinern (eventuell etwas vom Dämpf- oder Kochwasser zugeben).

Die Butter in einem Pfännchen erhitzen, aber nicht braun werden lassen, das Mehl hineinrühren und etwas vom Kochwasser zugeben. Die cremige Sauce einige Minuten bei schwacher Hitze kochen lassen. Das Brokkoli-Petersilien-Püree hineinrühren und die Sahne untermischen.

Natürlich können Sie auch das Brokkolipüree mit Kräutern wie Kerbel oder Petersilie anreichern.

Mehl ist nicht gleich Mehl.
Falls Ihr Kind Vollkornprodukte essen darf und verträgt, sollten Sie beim Kochen – auch für den Gemüsebrei – immer frisch gemahlenes Getreide (z.B. Dinkel oder eine Mehrkornmischung oder Hirse) verwenden. Es lohnt sich sogar, dafür eine Getreidemühle anzuschaffen. Verträgt Ihr Baby kein Vollkornmehl, nehmen Sie am besten ausgemahlenes Mehl, dem die Keime nachträglich wieder zugesetzt sind.

Und auch ein bisschen Fleisch

Es versteht sich von selbst, dass Sie für Ihr Baby ausschließlich Fleisch aus artgerechter Tierhaltung kaufen. Sie holen es sich am besten bei einem Biobauern oder -metzger, dem Sie vertrauen und der für einwandfreie Produkte garantieren kann. Schließlich wollen Sie ganz sicher sein, dass Sie Ihrem Kind mit seinem Bissen Fleisch nicht zugleich einen Teil jenes Medikamenten- und Hormoncocktails verabreichen, den vorher das Schlachttier bekommen hat.

Die tägliche Fleischportion sollte zwischen dem 6. und 12. Lebensmonat 20 bis 50 g betragen und danach auf 50 bis 70 g ansteigen. Fleisch oder Fleischbrühe gibt es vier- bis fünfmal wöchentlich.

Mit den kleinen Fleischportionen, die Ihr Baby isst, wenn es 5 bis 6 Monate alt ist, nimmt es reichlich hochwertiges Eiweiß zu sich. Außerdem sind in Fleisch vor allem Eisen, Zink und Vitamin B_{12} enthalten.

Für Babys Fleischmahlzeit eignen sich Geflügelarten wie Huhn und Pute, aber auch Kalb-, Lamm-, Rind- und Schweinefleisch. Alle paar Tage sollten Babys statt Fleisch eine Kraftbrühe aus Kalbsknochen oder aus Geflügelfleisch und -knochen bekommen. Einmal monatlich oder alle drei Wochen ist eine Portion Schweineleber angesagt (vom Bioschwein natürlich!). Für die notwendige Eiweißzufuhr kann auch einmal pro Woche ein Eigelb sorgen. Da Vitamin C die Aufnahme von Eisen fördert, sollten Sie unter jedes Gericht mit Fleisch am Schluss etwas frisch gepressten Orangensaft mischen.

Baby-Vegetarier

Kinder von Eltern, die sich selbst vegetarisch ernähren und auch für ihr Kind Fleisch ablehnen, sollten genügend andere eiweißreiche Lebensmittel wie Milchprodukte, Eier und Sojaprodukte wie Tofu auf dem Speiseplan haben, damit es nicht zu einem Eiweißdefizit kommt. In Maßen genossen, sind auch Hülsenfrüchte und Nüsse Eiweißlieferanten (falls keine Unverträglichkeit vorliegt). Zum Ernährungsprogramm sollten außerdem Getreidearten wie Dinkel, Grünkern und Hafer gehören, sowie eiweißreiche Gemüse (z.B. Fenchel, Möhren). Dem Eisenmangel kann man bei vegetarischer Ernährung durch reichlichen Genuss von Gemüsen wie Mangold, Spinat, Fenchel, von Haferprodukten, Soja, aber auch von Trockenfrüchten wie Aprikosen vorbeugen.

Rezepte mit Gemüse und Fleisch

Die Portionsgröße lässt sich nur schwer festlegen, denn jedes Kind hat andere Bedürfnisse und Vorlieben. Auch ist der Appetit nicht immer gleich groß. Füttern Sie Ihrem Kind immer nur so viel, wie es ohne besondere Überredungskünste essen mag. Sonst verlernt es schon früh, auf die Signale seines Körpers – Hunger und Sättigungsgefühl – zu hören. Denken Sie daran, dass Ihr Baby auch in Gerichten mit Fleisch absolut kein Salz braucht!

Hühnerfleisch mit Gemüse

Am besten bereiten Sie dieses Gericht gleich in größerer Menge zu, die Sie in 12 bis 14 Portionen aufteilen.

500 g Hühnerbrüstchen (ohne Haut und Knochen)
1 ½ l Wasser
2 Stangen Sellerie (100 g)
5 kleine Möhren (150 g)
3 mittelgroße Kartoffeln (250 g)
5 EL Sahne
2 EL gehackte Petersilie

Das Fleisch waschen und in einem Topf, mit Wasser bedeckt, zum Kochen bringen. Das erste Wasser gleich nach dem Aufkochen weggießen und das Fleisch dann in der angegebenen Wassermenge bei schwacher Hitze kochen.

Inzwischen die Selleriestangen putzen, die Möhren und

Kartoffeln schälen, die Gemüse und Kartoffeln in Stücke schneiden und zum Fleisch geben. Das Ganze ca. 1 Stunde kochen lassen. Das Hühnerfleisch aus der Brühe heben und in Stücke teilen. Diese zusammen mit Gemüse und Kartoffeln und der Hälfte der Kochflüssigkeit, der Sahne und der gehackten Petersilie im Mixer fein zerkleinern oder mit dem Pürierstab mixen.

In Portionen teilen und diese in kleinen Bechern oder Gefrierbeuteln einfrieren. Eine Portion bekommt das Baby frisch serviert.

Die restliche Kochbrühe durch ein Tuch oder ein sehr feines Sieb gießen und in Miniportionen einfrieren. Geflügelbrühe lässt sich für ein Reisgericht, eine Suppe oder ein Gemüsegericht verwenden.

Auf ähnliche Weise können Sie auch einen Eintopf mit Rind- oder Kalbfleisch, Puten- oder Lammfleisch zubereiten. Allerdings ist die Kochzeit dann etwas länger.

Gemischtes Gemüse mit Tatar

Lassen Sie sich ein Stück ganz mageres Rindfleisch, am besten Lende oder Roastbeef, vom Metzger zweimal durchdrehen.

1 mittelgroße Kartoffel
500 g gemischtes Gemüse (z.B. Möhren, Petersilienwurzeln, Kohlrabi, ausgepalte Erbsen)
½ l Wasser
3 Petersilienstängel
2 EL Sonnenblumenöl
250 g Tatar
2 EL Sahne
1 EL gehackte Petersilie

Kartoffel, Wurzelgemüse und Kohlrabi schälen und in kleine Stücke schneiden. Zusammen mit den Erbsen im Wasser zum Kochen bringen, Petersilienstängel zugeben. Das Gemüse in 15 bis 20 Minuten weich garen.

Das Sonnenblumenöl in einer Pfanne erhitzen, das Tatar darin unter Rühren leicht anbraten, aber nicht bräunen. Das Fleisch zum Gemüse geben und alles zusammen noch weitere 10 Minuten kochen. Die Petersilienstängel entfernen.

Gemüse und Fleisch mit der Gabel zerdrücken (oder im Mixer pürieren). Sahne und gehackte Petersilie untermischen.

In 4 oder 5 Portionen teilen. Eine bekommt das Baby sofort, die übrigen werden eingefroren.

Gemüsereis mit Putenfleisch

Der Reis soll nicht etwa körnig gekocht werden, sondern nach dem Garen ziemlich weich sein.

200 g Wurzelgemüse
(z.B. Petersilienwurzel, Möhren, Pastinake)
50 g Vollkornreis
1 EL Sonnenblumenöl
ca. 100 ml Geflügelbrühe
(siehe Rezept Hühnerfleisch mit Gemüse, S. 48)
50 g gekochtes Putenfleisch
2 EL Sahne
2 TL Schnittlauchröllchen

Das Gemüse schälen und in kleine Würfel schneiden. Den Reis auf einem Sieb waschen und abtropfen lassen. Das Öl in einer Pfanne erhitzen, den Reis darin ganz leicht anbraten, die Körner sollen rundherum von Fett umgeben sein. Die

Gemüsewürfel dazugeben und mitbraten. Die Hühnerbrühe angießen. Den Gemüsereis zugedeckt sehr weich garen.

Die Putenbrust in winzige Würfelchen schneiden. Zusammen mit der Sahne und den Schnittlauchröllchen untermischen.

Für kleinere Babys kann das Risotto natürlich auch püriert werden.

Hirsetöpfchen mit Hackfleisch und Kräutern

Der hohe Mineralstoff- und vor allem der Eisengehalt der Hirse macht sie für die Baby- und Kleinkindernahrung besonders wertvoll.

100 g Möhren
1 kleine Lauchstange
1 EL Hirse
2 TL Maiskeimöl
125 ml Wasser oder Gemüsebrühe (Rezept siehe S. 95)
50 g Hackfleisch vom Rind
2 EL sehr fein gehackte gemischte Kräuter (Petersilie, Schnittlauch, Pimpinelle, Kerbel)
1 EL saure Sahne

Die Möhren abschaben oder schälen und grob raspeln. Die Lauchstange putzen, halbieren, gründlich waschen und in ganz feine Ringe schneiden. Die Hirse verlesen und auf einem Sieb waschen, bis das Wasser klar bleibt. Gut abtropfen lassen.

Das Öl in einem Pfännchen erhitzen, das Hackfleisch und die Hirse darin leicht anbraten, aber nicht bräunen. Möhren

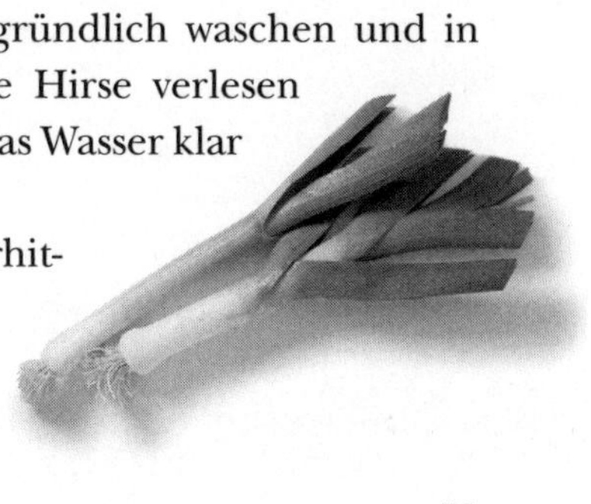

und Lauchringe unterrühren und das Wasser oder die Gemüsebrühe angießen. Die Hirse in 30 bis 40 Minuten bei ganz schwacher Hitze weich dünsten. Die Kräuter unterrühren und die saure Sahne unter die Hirse mischen.

Putenfleischwürfel mit Blumenkohl

Kochen Sie die Kartoffeln für Ihr Kind jetzt öfters in der Schale oder backen Sie sie in Folie im Backofen, weil gleich unter der Schale die wichtigsten Nährstoffe sitzen. Ab Ende Januar bis zur neuen Ernte sollten Sie sie (wegen des giftigen Solanins) jedoch besser schälen.

150 g Blumenkohlröschen
50 g Putenschnitzel
1 EL Sonnenblumenöl
2 EL Sahne
2 EL Wasser
2 kleine gekochte Pellkartoffeln
1 TL Butter
3 EL heiße Milch
1 TL fein gehackte Petersilie

Die Blumenröschen waschen, zerteilen, die Stiele in kleine Stücke schneiden. Das Gemüse auf dem Siebeinsatz in einem gut schließenden Topf weich dämpfen (ca. 15 Minuten).

Das Putenfleisch in ganz kleine Würfel schneiden. Das Öl in einem Pfännchen erhitzen, die Fleischwürfelchen darin rundherum leicht anbraten. Sahne und Wasser angießen und das Fleisch zugedeckt in 15 Minuten sehr weich dünsten.

Den Brokkoli aus dem Dämpfer heben und mit dem Rahmfleisch vermischen.

Die gekochten Kartoffeln abziehen, mit der Gabel zerdrücken, Butter und heiße Milch unterrühren, die Petersilie untermischen.

Auf einem Kinderteller Rahmfleisch und Püree hübsch anrichten.

Die Milch-Getreide-Mahlzeit am Abend

Schön langsam geht im 6. bis 7. Lebensmonat für die meisten Brustkinder die Stillzeit zu Ende. Ein sanftes Abstillen macht ihnen die Umgewöhnung leichter. Wie das Flaschenkind bekommt nun auch das bisher gestillte Baby abends einen Brei aus der Flasche. Er wird durch Getreide angereichert, etwas Orangensaft verbessert ihn und macht ihn noch feiner. Sie können auch bald fein püriertes Mark von anderen Früchten untermischen.

Das Flaschenkind bekommt anfangs die normale Flaschennahrung weiter, doch rühren Sie nun zarte Instant-Reisflocken (2 Esslöffel) in die warme Flüssigkeit und machen Sie sie damit sättigender. Sobald das Baby daran gewöhnt ist, geben Sie etwas Obstsaft dazu.

Im ersten Lebensjahr soll Ihr Baby auf keinen Fall Frischmilch bekommen, auch nicht, wenn diese mit Wasser verdünnt wird. Frischmilch enthält zu viel Eiweiß und ist dazu noch arm an Vitaminen, Mineralstoffen und ungesättigten Fettsäuren. Stattdessen verwenden Sie weiterhin die »Pre«-Säuglingsmilchnahrung, an die das Flaschenkind ja schon gewöhnt ist.

Sie können den Brei aus feinen Reisflocken, Instant-Mehrkornflocken oder Haferflocken zubereiten. Bekommt Ihrem Kind ein Vollkornprodukt nicht, sollten Sie zunächst normale Flocken verwenden und nur ganz allmählich etwas sehr fein gemahlenes Getreide dazugeben. Später können Sie dann das Getreide für den abendlichen Brei selbst mischen und jedes Mal frisch mahlen.

Außer frisch gepresstem Orangensaft kommt auch Saft von geriebenem und ausgepresstem Apfel für den Abendbrei in Frage; es kann aber auch Birnen- und Melonensaft sowie Saft aus anderem frischem Obst sein. Der Brei soll noch ein paar Wochen lang eine so flüssige Konsistenz haben, dass er sich als Flaschennahrung eignet.

Bereiten Sie für Babys Milchmahlzeiten immer eine frische Flasche zu. Der Sauger der Breiflasche muss einen besonders breiten Schlitz haben, damit Ihr Kind ohne zu großen Kraftaufwand trinken kann.

Milchbrei mit Reisflocken

Verträgt Ihr Kind den Orangensaft nicht, ersetzen Sie ihn durch ausgepressten Apfelsaft.

200 ml Wasser
2 gestrichene EL zarte Reisflocken (Instant)
Säuglingsmilchpulver für 200 ml Wasser
1 EL Orangensaft

Das Wasser aufkochen und etwas abkühlen lassen. Reisflocken einrühren. In den nur noch warmen Brei das Säuglingsmilchpulver mischen. Den Orangensaft darunterrühren.

Getreidebrei mit Melonensaft

Bei Gluten-Empfindlichkeit Ihres Babys Reis- oder Hirseflocken, sonst Dinkel- oder Haferflocken verwenden.

220 ml Wasser
2 schwach gehäufte EL Dinkelflocken (Instant)
Säuglingsmilchpulver für 220 ml Wasser
1 Spalte reife Honigmelone

Das Wasser zum Kochen bringen und die Flocken einrühren. Etwa eine Minute kochen lassen. Den Brei abkühlen lassen, Milchpulver hineingeben. Das Melonenstück schälen, die Kerne entfernen. Mit dem Stabmixer ganz fein zermusen und unter den Milchbrei mischen.

Milchbrei für Brustkinder?
Babys, die weiterhin gestillt werden, brauchen auch mit 6 bis 7 Monaten noch keine zusätzliche Säuglingsmilchnahrung, denn sie beziehen ja immer noch aus der fein abgestimmten Muttermilch alle wichtigen Stoffe zum Wachsen und Gedeihen. Je nach Appetit können Sie Ihrem Brustkind aber zusätzlich Brei aus Wasser mit Flocken oder Grieß anbieten, der mit etwas frisch gepresstem Apfel-, Birnen- oder Orangensaft angereichert wird.

Milchbrei mit Himbeermus

Bestimmt möchte Ihr großes Baby jetzt auch schon selbst mit dem Löffel essen. Geben Sie ihm seinen Brei deshalb auf einem Teller und achten Sie auf eine etwas festere Konsistenz. Bitte keine Panik, wenn das Kind anfangs noch ziemlich kleckert!

75 g Himbeeren (frisch oder tiefgefroren)
200 ml Wasser
2 EL Weizenvollkorngrieß
2 TL Butter
Säuglingsmilchpulver für 200 ml Wasser
1 TL Schlagsahne

Die Himbeeren verlesen, waschen (tiefgefrorene Früchte auftauen) und durch ein Sieb streichen.

Das Wasser in ein Töpfchen geben und den Grieß einrieseln lassen, langsam zum Kochen bringen. Bei sehr schwacher Hitze einige Minuten unter gelegentlichem Rühren mit dem Schneebesen kochen, danach 10 Minuten im geschlossenen Topf quellen lassen, damit der Grieß schön weich wird. Die Butter einrühren und den Brei etwas abkühlen lassen. Das Milchpulver einrühren und das Himbeermark (bis auf 1 TL) untermischen. Auf einen Teller füllen und einen Klecks Schlagsahne auf den Brei setzen. Das restliche Himbeermark tropfenweise auf der Oberfläche verteilen und mit einer Gabel durchziehen.

Haferflockenbrei mit Aprikosengeschmack

Eine gute Möglichkeit, den abendlichen Brei geschmacklich zu variieren, bietet Trockenobst wie Rosinen oder Aprikosen. Das Obst sollte anfangs noch mit etwas Wasser gedünstet und püriert werden. Später dann nur noch fein hacken.

3 getrocknete Aprikosen (ungeschwefelt)
220 ml Wasser
3–4 EL feine Haferflocken
1 TL fein gehackte Haselnüsse
Säuglingsmilchpulver für 220 ml Wasser
½ Apfel
1 TL Schlagsahne

Die Aprikosen waschen und in wenig Wasser 6 bis 8 Minuten dünsten. Inzwischen das Wasser in einem Topf erhitzen und die Haferflocken sowie die Haselnüsse einrühren, ca. 4 Minuten bei schwacher Hitze kochen, danach einige Minuten quellen lassen; dabei öfter umrühren.

Die gedünsteten Aprikosen fein hacken und unter den Brei mischen. Etwas abkühlen lassen und das Säuglingsmilchpulver einrühren.

Den halben Apfel schälen und das Kernhaus ausschneiden, fein reiben und unter den warmen Brei rühren. Mit einem kleinen Sahneklecks garnieren.

Jogurt-Zwieback-Brei

100 g Bioghurt (3,5 % Fettgehalt)
3–4 Zwiebäcke
4 EL Wasser
50 g frische oder gefrorene Heidelbeeren
½ Banane

Den Jogurt in einer Schüssel durchrühren. Die Zwiebäcke auf einem Teller mit kochendem Wasser übergießen, gut zerdrücken und unter den Jogurt mischen. Die Heidelbeeren waschen (oder auftauen) und mit der halben Banane im Mixer pürieren. Mit dem Jogurt vermischen. Wenn Sie beim nächsten Mal statt Jogurt Quark anbieten wollen, mischen Sie noch 2 Esslöffel Sahne unter den Brei.

Obst-Gemüse-Brei

Babys stört es nicht, wenn zur Abwechslung einmal ihr Lieblingsgemüse oder Kartoffelbrei mit Obst oder Obstsaft kombiniert werden.

1 große mehlig kochende Kartoffel
½ TL Kümmel
2 TL Butter
1 Apfel

Die Kartoffel bürsten und zusammen mit dem Kümmel in der Schale garen. Die Kartoffel abziehen und mit der Butter zerdrücken. Den Apfel schälen, halbieren, das Kernhaus entfernen und die Apfelhälften fein reiben. Das Obst unter das Püree mischen. Schmeckt wie Himmel und Erde.

Milchprodukte fürs Baby

Probieren Sie mal, wie Ihrem nun schon fast ein Jahr alten Baby neue Milchprodukte wie Jogurt oder Quark schmecken!

Jogurt. Dieses Milchprodukt, das sich für Babys ab einem Alter von 10 bis 12 Monaten eignet, sollte nur in Form von Naturjogurt auf dem Speisezettel stehen. Wichtig ist auch, dass es rechtsdrehende Milchsäure enthält. Handelsüblicher Fruchtjogurt ist nichts für vernünftig ernährte Kinder, weil er viel zu viel Zucker enthält – das gilt übrigens erst recht für so genannte Kinderjogurts. Günstiger ist es, Naturjogurt je nach Alter des Kindes mit geriebenem Obst (Apfel, Birne) bzw. mit kleinen Stücken frischer Früchte oder mit Beeren zu verfeinern.

Quark. Ein hochwertiges Milchprodukt ist auch Quark, der das geronnene Milcheiweiß enthält, während der Milchzucker, also die Kohlenhydrate, ebenso wie die meisten Mineralstoffe mit der Molke abgepresst worden sind. Quark vertragen Kinder jedoch oft erst mit 11 bis 12 Monaten. Die meisten mögen Quarkspeisen mit Früchten besonders gern.

Und nachmittags gibt's Brei mit Obst

Einen Obstbrei am Nachmittag mag eigentlich jedes Baby ungefähr ab dem 7. Monat. Das gilt für Brust- und Flaschenkinder gleichermaßen. Am Nachmittag haben Sie und das Baby die meiste Zeit und Ruhe, sich auf diese neue Breimahlzeit einzulassen.

Den Brei bereiten Sie mit Wasser und feinen Instant-Getreideflocken oder -Grieß zu; Reisflocken sind besonders zart und daher gut für die Anfangsphase geeignet. Der Brei darf nicht gekocht werden; Sie rühren das Getreide einfach (nach Angaben des Herstellers) ins abgekochte und etwas abgekühlte Wasser ein.

Für den Obst-Getreide-Brei gilt dasselbe wie für den mittäglichen Gemüsebrei: Das Baby bekommt anfangs nicht mehr als 1 bis 2 Teelöffelchen davon, zusätzlich zur Brust- oder Flaschenmahlzeit; den Rest essen Sie selbst. Ganz allmählich sollen die Portionen dann größer werden und schließlich eine ganze Mahlzeit ausmachen.

Getreide für die Babyküche

Gekochte Körner der verschiedenen Getreidearten verträgt das Kind frühestens mit 12 bis 14 Monaten, rohes geschrotetes Getreide dürfen Sie ihm in den ersten Lebensjahren gar nicht zumuten, weil das kindliche Verdauungssystem damit noch überfordert wäre.

Reis. Der Exot unter den Getreidearten hat sich als besonders günstig für Babys Einstieg in die Körnerkost erwiesen: Reis ist nämlich frei von Gluten, das die Darmkrankheit Zöliakie (siehe S. 21) auslösen kann. Reis enthält außer den Kohlenhydraten, die bei Getreide den Hauptnährstoffanteil ausmachen, auch besonders wertvolles Eiweiß sowie die Vitamine B_2 und B_6. Das gilt allerdings nur, wenn es sich um den nicht geschälten und nicht polierten Naturreis handelt. Vollwertige Reisflocken bekommen Sie im Naturkostladen oder im Reformhaus.

Getreide liefert Ihrem Kind wertvolle Mineralstoffe und Spurenelemente.

Tägliche Getreidemengen für Babys und Kleinkinder

6. bis 8. Monat: 20–30 g (2–3 EL Flocken)

9. bis 12. Monat: 40–70 g (Mehl, Flocken und Brot)

1 bis 2 Jahre: 80–120 g (Mehl, Flocken und Brot)

3 bis 4 Jahre: 130–150 g (Mehl, Flocken und Brot)

Mais. Dieses ebenso wie Reis glutenfreie Getreide wird in Form von Maismehl oder Maisgrieß für die Baby- und Kleinkinderkost verwendet. Sie können daraus Brei, Suppen und Polenta bereiten. Mais enthält außer reichlich Kalium, Phosphor und Magnesium auch die Vitamine A und B.

Dinkel, Grünkern, Weizen. Bei allen drei Getreidearten handelt es sich um Weizen, doch besitzt der Dinkel mehr hochwertiges Eiweiß und Rohfett als Weizen und ist dazu ein Mineralstoffspender ersten Ranges. Die Nährstoffkombination ist beim Dinkel auch besonders günstig und ausgewogen. Deshalb sind Babys schon ab dem 7. oder 8. Monat mit einem Brei aus Dinkelflocken bestens versorgt. Grünkern – eigentlich vor der Vollreife geernteter Dinkel – wird geröstet und bekommt dadurch einen feinen Nussgeschmack. Und natürlich haben auch Weizenprodukte dem Baby eine Menge Wertvolles zu bieten.

Hirse. Erst durch die Vollwertküche wurde Hirse in unserer Zeit neu entdeckt und spielt heute auch als Kindernahrungsmittel wieder eine Rolle. Sie enthält nicht nur hohe Anteile von Magnesium, Phosphor und Eisen, sondern auch Kieselsäure und Vitamine des B-Komplexes. Sie können daraus nicht nur wie im Märchen Hirsebrei für Ihr Kind zubereiten, sondern auch Suppe, Süßspeisen und pikante Hauptgerichte.

Buchweizen. Einen feinen, nussigen Geschmack bekommt ein Brei, wenn er mit Buchweizenflocken zubereitet wird. Die Früchte dieser nicht wie die anderen Getreidearten zu den Süßgräsern, sondern zu den Knöterichgewächsen gehörenden Pflanze liefern reichlich Mineralstoffe wie Kalium, Phosphor, Eisen und dazu die Vitamine B_1 und B_2. Bemerkenswert sind auch der Lezithingehalt, durch den Wachstum und allgemeiner Antrieb gefördert werden, sowie Lysin, eine Aminosäure, die vom Körper nicht selbst bereitgestellt werden kann, aber als Wachstumshilfe gebraucht wird.

Vollkornprodukte für Babys?

Anfangs sollten Sie mit Vollkornprodukten sehr zurückhaltend sein. Sie wissen ja noch nicht, ob Ihr Kind sie verträgt oder möglicherweise auf das eine oder andere Produkt allergisch reagiert. Allergieauslösende Stoffe sind nämlich meist in den äußeren Randschichten des vollen Korns enthalten. (Näheres zu Gluten in Weizen, Roggen, Hafer und Gerste finden Sie auf Seite 20f.) Verwenden Sie deshalb zunächst ausgemahlenes Getreide und setzen Sie nur ganz allmählich etwas frisch gemahlenes Vollkorngetreide zu. So lässt sich feststellen, ob und wie Ihr Kind reagiert. Gibt es keinerlei Unverträglichkeitsreaktionen, können Sie den Vollkornanteil nach und nach erhöhen.

Auch Hafer, Gerste und Roggen sind in Form von Flocken oder Schrot nähr- und mineralstoffreiche Lebensmittel für kleine und große Kinder sowie für Erwachsene. Sie sind oft Bestandteile von Mehrkornbreis.

Der Körnerbrei bekommt einen besonders angenehmen Nussgeschmack, wenn Sie das Getreide in einer trockenen Pfanne ganz leicht anrösten (nicht anbrennen lassen!).

Früchte für Babys und Kleinkinder

Obst hat für die Baby- und Kinderernährung als Spender von Vitaminen, Mineralstoffen und Spurenelementen eine kaum zu überschätzende Bedeutung. Seine Fruchtsäure wie auch die Aromastoffe regen Stoffwechsel und Verdauung an. Als wichtigste Mineralstoffe enthält es Kalium, Phosphor sowie Eisen in gut verwertbarer Form. Während sich Kohlenhydrate (Fruchtzucker, Traubenzucker) und Mineralstoffe auf das gesamte Fruchtfleisch verteilen, ist Vitamin C vor allem in der Nähe der Schale angereichert; deshalb ist es wichtig, Äpfel, Birnen und anderes Obst nur sehr dünn zu schälen. Größere Kinder essen ungeschältes Obst – natürlich aus möglichst schadstoffarmem Anbau.

Als erstes Obst sind solche Früchte zu empfehlen, die in unseren Breiten wachsen und zur Reife kommen. Für den Anfang können Sie Ihrem Baby Apfel anbieten. Bei den allerersten Versuchen sollten Sie den geriebenen Apfel ganz kurz mit etwas Wasser dünsten, auf ein feines Haarsieb gießen und den Saft durch leichten Druck mit einem Löffel auspressen.

Das Kind bekommt dann nur diesen Saft. Nach ein paar Tagen verträgt ihn das Baby wahrscheinlich auch schon roh.

Die nächste Frucht, mit der Ihr Baby Bekanntschaft macht, könnte Birne sein; sie wird so lange gedünstet und als Saft verabreicht, bis Sie sicher sind, dass Ihr Kind sie mag und gut verträgt. Wenn Sie meinen, auf das Dünsten und Auspressen verzichten zu können, wird das roh geriebene Obst einfach in den Getreidebrei gerührt.

Eine wichtige Zutat der Getreide-Obst-Breis ist ein wenig Fett in Form von ein paar Tropfen Weizen- oder Maiskeimöl oder einem halben Teelöffel Butter. Nach ein paar Wochen Gewöhnungszeit kann auch schon ein Löffel Sahne untergerührt werden. Durch die Zugabe von etwas Orangen- oder Mandarinensaft wird die Eisenaufnahme aus dem Getreide verbessert.

Apfel. Er eignet sich mit seinem Gehalt an Eisen und Phosphor, aber auch wegen der Vitamine C und B_1 für Babys schon ab dem 6. Monat. Sie schälen den Apfel ganz dünn, vierteln und entkernen ihn und reiben ihn dann auf einer Glasreibe.

Birne. Sie enthält Vitamine, Spurenelemente und Gerbsäuren. Ab dem 6. bis 7. Monat vertragen sie die meisten Babys. Die Birne wird geschält, geviertelt, entkernt und in Stücke geschnitten. Vorsichtshalber sollten Sie sie anfangs in ganz wenig Wasser dünsten, bevor sie püriert wird. Eine Zeit lang wird sie dem Baby in dieser Form und in Miniportionen angeboten. Nach einiger Zeit verträgt es sie auch schon roh gerieben.

Banane. Kaufen Sie Bananen im Naturkostladen, denn vielfach sind Früchte im Handel, die schon in ihrer Heimat mit bedenklichen Pflanzenschutz- und Konservierungsmitteln behandelt wurden. Bananen sind für Babys und Kleinkinder wie auch für Erwachsene eine gute Quelle für Kalium und Magnesium. Außerdem enthalten sie reichlich Pektine und Vitamin B_6. Reife Bananen – und nur solche eignen sich für die Babykost – werden geschält und im Mixer püriert, später ganz fein mit der Gabel zerdrückt.

Weitere Obstsorten kommen erst auf den Babyteller, wenn Ihr Kind sich an die oben genannten Früchte gewöhnt hat

Tägliche Obstration für Babys und Kleinkinder

5. bis 7. Monat: ca. 50 g (z.B. $1/4$ bis $1/2$ Apfel)

8. bis 12. Monat: ca. 80–110 g (z.B. 1 Apfel)

2 bis 3 Jahre: ca. 120 g (gekocht oder roh)

4 bis 6 Jahre: ca. 180 g

und sie gut verträgt. Zu empfehlen sind Pfirsiche, Aprikosen, Melonen, Beerenfrüchte (durch ein Sieb streichen), Weintrauben (ohne Kerne), Kirschen und Pflaumen.

Von Mandarinen und Orangen kommt ganz wenig Saft in den Getreidebrei. Die Früchte selbst eignen sich erst nach dem ersten Geburtstag für Kindermägen.

Rezepte für Obst-Getreide-Brei

Obst und Getreide sind eine gute Nachmittagsmahlzeit für Babys zwischen 5 und 7 Monaten. Nicht gleich aufgeben, wenn ein Brei beim ersten Mal nicht »gut ankommt«. Vielleicht hatte Ihr Baby im Moment einfach keinen Hunger.

Apfel-Reis-Brei

Den Anfang macht am besten ein Brei aus feinen Reisflocken und geriebenem, anfangs noch leicht gedünstetem Apfel. Sie können den Brei aber schon bald auch mit Birne statt Apfel zubereiten.

1 kleiner Apfel
100 ml Wasser
2 EL zarte Reisflocken (Instant)
½ TL Keimöl

Den Apfel schälen und vierteln, Kernhaus ausschneiden und die Viertel fein reiben. Apfelbrei mit 2 Teelöffeln Wasser ganz kurz (ca. 1 Minute) dünsten.

Das Wasser für den Brei zum Kochen bringen und über die Flocken gießen. Den Brei gut verrühren. Die Hälfte vom Apfelmus unter den Brei rühren (das übrige Kompott für den nächsten Tag gut verschlossen im Kühlschrank aufheben). Das Keimöl unterrühren und den Brei dem Baby lauwarm anbieten.

Bananenbrei mit Zwieback

Fangen Sie mit normalem Zwieback an, und probieren Sie nach einiger Zeit dasselbe Rezept mit Vollkornzwieback aus, damit Sie sehen ob Ihr Kind auch Vollkorngetreide verträgt (siehe auch die Hinweise auf S. 63).

1/2 sehr reife Banane
2 Zwiebäcke
3–4 EL kochendes Wasser
1 TL Sonnenblumenöl

Die Banane schälen und ganz fein mit der Gabel zerdrücken. Die Zwiebäcke mit dem kochenden Wasser begießen und aufweichen, sehr fein zerdrücken.

Bananen- und Zwiebackbrei gut vermischen. Das Sonnenblumenöl unterrühren.

Im Wechsel können Sie auch Zwieback mit geriebenem Apfel oder mit Birnenpüree anbieten.

Mehrkornnahrung
Sobald Ihr Kind ein halbes Jahr alt ist, kann es auch Brei aus Säuglings-Mehrkornnahrung bekommen. Er wird nach Angaben des Herstellers zubereitet und dann mit geriebenem Apfel oder Birne oder mit zerdrückter Banane sowie einem Teelöffel Orangensaft verfeinert.

Vollkornbrei mit Birne

Etwas Orangensaft im Getreidebrei sorgt dafür, dass der Eisengehalt des Korns für das Baby voll erschlossen wird. Instant-Flocken sollten nicht mit Zucker, Malzextrakt oder süßen Fruchtbestandteilen präpariert sein. Achten Sie auf die Angaben auf der Verpackung!

2–3 EL Vollkornflocken (Instant)
100–150 ml Wasser
1 kleine reife Birne
1 TL Butter
1 TL Orangensaft

Das Wasser zum Kochen bringen und über die Vollkornflocken auf dem Kinderteller gießen. Die Flocken gut verrühren und die Butter dazugeben.

Die Birne schälen, halbieren, Kernhaus entfernen. Die Hälften fein reiben und das Obst unter den Brei mischen. Danach den Orangensaft einrühren.

Grießbrei mit Honigmelone

Achten Sie darauf, dass Sie eine besonders reife Honigmelone bekommen; sie soll am Stielende auf Druck mit dem Finger etwas nachgeben.

200 ml Wasser
2 EL Dinkelgrieß
1 dicke Scheibe Honigmelone (ca. 150 g ohne Schale)
2 TL Maiskeimöl
2 TL Mandarinensaft

Das Wasser in einem Topf aufkochen und den Grieß einrieseln lassen. Gut mit dem Schneebesen durchrühren, den Brei bei ganz schwacher Hitze nochmals aufkochen und dann einige Minuten ausquellen lassen.

Die Melonenscheibe dick schälen, die Kerne entfernen und das Fruchtfleisch im Mixer oder mit dem Pürierstab fein zerkleinern und unter den Grießbrei ziehen. Das Öl und den Mandarinensaft untermischen.

Haferflockenbrei mit Pfirsichmark

die Pfirsiche für das Fruchtmark sollten vollreif sein. Sie können auch gleich mehr davon zubereiten und es portionsweise einfrieren.

200 ml Wasser
3 gehäufte EL Haferflocken (Schmelzflocken)
1 TL Butter
2 kleine Pfirsiche
1 EL Orangensaft

Das Wasser mit den Flocken in einem kleinen Topf verrühren und zum Kochen bringen. Unter ständigem Rühren aufkochen und danach noch 1 bis 2 Minuten bei schwacher Hitze ziehen lassen. Die Butter einrühren.

Die Pfirsiche mit kochendem Wasser übergießen, die Haut abziehen. Die Früchte halbieren, die Steine entfernen und die Hälften pürieren. Das Fruchtmark zusammen mit dem Orangensaft unter den Brei rühren.

Babys Speisekarte ist nun schon recht abwechslungsreich. Sie haben Ihr Kind behutsam und Schritt für Schritt darauf vorbereitet, an den Familienmahlzeiten teilzunehmen.

Kochen für Kleinkinder

Ihr Kind zeigt jetzt immer mehr Interesse an dem, was die Großen auf dem Teller haben. Sein Essen sollte aber weiterhin auf seine besonderen Bedürfnisse abgestimmt sein.

Alte und neue Essgewohnheiten

Vieles von dem, was Sie Ihrem Kind im zweiten Halbjahr seines Lebens angeboten haben, bleibt natürlich weiterhin auf dem Speiseplan. Nur wird nicht mehr so viel püriert, durchgedreht und fein gehackt. Ihr Kind soll jetzt schon etwas zum Kauen bekommen. Zu jeder Tageszeit können sie die Mahlzeiten durch frische Produkte wie Obst, Salat und rohes Gemüse ergänzen und aufwerten.

Ein Kleinkind kommt noch nicht wie die Erwachsenen mit drei oder vier Mahlzeiten aus, sondern muss öfter kleine Portionen zu sich nehmen. Frühstück, Mittagessen und Abendbrot sind zwar die Hauptmahlzeiten, doch sie sollen nicht so üppig ausfallen, dass der Nährstoffbedarf des Kleinkindes damit schon gedeckt wäre. Zwischenmahlzeiten sind deshalb nötig, eine am Vormittag, also gegen 10 Uhr, die andere nach der Mittagsruhe um etwa 15 Uhr. Darüber hinaus aber soll möglichst nichts gegessen, auch nicht genascht werden. Beim Trinken gibt es allerdings kaum ein Limit.

Große und kleine Mahlzeiten

Hauptmahlzeit des Kleinkindes ist das Mittagessen, bei dem es etwa ein Drittel seines Tagesbedarfs verspeist. Jeweils ein Viertel der täglichen Energiemenge kommt bei Frühstück und Abendessen auf den Teller, der Rest verteilt sich auf die beiden Zwischenmahlzeiten am Vormittag und Nachmittag.

Vollwertige Frühstücksideen

Als Guten-Morgen-Auftakt sollte ein möglichst fröhliches Frühstück auf Ihr Kind warten. Ob es zu Hause bleibt oder später in eine Krippe, zur Tagesmutter oder in den Kindergarten geht – die erste Mahlzeit wirkt prägend für den ganzen Tag. Es kommt nicht nur auf das an, was auf dem Frühstückstisch steht, sondern auch auf das liebevolle Arrangement und natürlich auf die Familienstimmung. Planen Sie deshalb genügend Zeit für das Frühstück ein, damit die Familie den Tag nicht schon mit Hektik beginnt.

Guten-Morgen-Grünkernbrei

Gute Laune ist programmiert, wenn auf der Breioberfläche ein Mondgesicht aus Beeren prangt oder Schiffchen aus Mandarinen- oder Aprikosenstückchen schwimmen.

3 EL Grünkern, fein gemahlen
5–8 Haselnüsse, fein gemahlen
200 ml Wasser
1 TL Butter
1 TL Honig
1 EL Orangensaft, frisch gepresst
2 EL Sahne
2 EL frische Beeren, Mandarinen- oder Aprikosenstückchen

Gemahlenen Grünkern und Haselnüsse über Nacht in etwas Wasser einweichen. Am Morgen in den 20 ml Wasser zum

Kochen bringen, bei schwacher Hitze 3 bis 4 Minuten weiterkochen, danach zugedeckt 10 Minuten quellen lassen.

Butter, Honig, Orangensaft und Sahne in den etwas abgekühlten Brei rühren und die Masse mit dem Schneebesen locker aufschlagen.

Die frischen Beeren und Beerenstückchen auf dem Brei verteilen.

Der Grünkernbrei wird noch lockerer, wenn Sie statt flüssiger etwas steif geschlagene Sahne unterziehen.

Dinkelgrütze mit Birnen

Grütze wird mit etwas gröber geschrotetem Getreide bereitet, während das Getreide für den Brei mehlfein gemahlen ist.

2 EL Dinkel, mittelfein gemahlen
1 EL Walnüsse, grob gemahlen oder gehackt
200 ml Wasser
1/2 Birne
2 TL Birnendicksaft
2 EL Sahne
1 TL Crème fraîche oder Sauerrahm

Gemahlenen Dinkel und Walnüsse in wenig Wasser über Nacht oder einige Stunden einweichen. Am Morgen in 200 ml Wasser aufkochen, bei schwacher Hitze 4 bis 5 Minuten kochen und dann zugedeckt 10 bis 12 Minuten auf der ausgeschalteten Herdplatte quellen lassen.

Die halbe Birne schälen, das Kernhaus entfernen, die Frucht grob reiben und mit 1 Teelöffel Birnendicksaft vermischen. Zusammen mit der Sahne unter die Grütze ziehen.

Als Blickfang lauter kleine Crème-fraîche-Kleckse auf den

warmen Brei setzen. Auf jeden der Kleckse kommt etwas Birnendicksaft.

Sie können den Brei auch schon am Vorabend kochen und zum Frühstück leicht anwärmen. Früchte und Crème fraîche kommen natürlich frisch dazu.

Erdbeermüsli

Am besten schmecken natürlich die Erdbeeren, die Sie morgens frisch aus dem eigenen Garten holen. Ist die Erdbeerzeit vorbei, kommen Heidelbeeren, Himbeeren, Brombeeren ins Müsli; im Winter Äpfel, Birnen, Trockenobst, aber auch Bananen, Mandarinen und Orangen.

3 EL Haferflocken
5 EL Wasser
100 g frische Erdbeeren
½ Banane
1 EL Sahne
2 EL Jogurt (Bioghurt)
1 TL Honig

Die Flocken auf einem Teller mit dem Wasser verrühren und etwa eine Viertelstunde weich werden lassen. Die Erdbeeren waschen und in Stücke schneiden; eine kleine Erdbeere ganz lassen. Von der Banane eine Scheibe abschneiden, den Rest zerdrücken und zu Mus rühren, mit der Sahne, dem Jogurt und dem Honig vermischen.

Erdbeerstückchen und Bananenmus unter die eingeweichten Haferflocken rühren. Auf den Tellerrand ein Spießchen mit Bananenscheibe und Erdbeere setzen.

Trockenobst-Müsli-Mischung

Diese Mischung ist auch ein idealer Proviant für das Frühstück unterwegs. Küchenamarant ist ein Fuchsschwanzgewächs, das außer wertvollem Eiweiß auch reichlich Mineralstoffe und Vitamine enthält. Das Interessante daran ist, dass man es wie Mais zu Popcorn verarbeiten kann.

150 g Sultaninen
100 g getrocknete Aprikosen
250 g Sechskornflocken
50 g gehobelte Mandeln
1 EL Weizenkeime
3 EL Popcorn aus Küchenamarant

Sultaninen und Aprikosen auf einem Sieb gründlich unter warmem Wasser waschen und anschließend auf Küchenpapier abtrocknen lassen. Sobald sie ganz trocken sind, können die Aprikosen gehackt werden.

Mischen Sie die Trockenfrüchte mit den Flocken, den Mandeln, mit Weizenkeimen und dem Popcorn aus Küchenamarant.

Für 1 Kinderportion geben Sie zu 2 bis 3 Esslöffel der Mischung Milch und etwas Sahne oder machen das Müsli mit je 2 Esslöffeln Schlagsahne und Bioghurt an. Nach Wunsch und Saison wird das Trockenfrucht-Frühstück noch mit frischem Obst oder frisch gepresstem Saft angereichert.

Bunte Kinderkanapees

Statt einer langweiligen Scheibe Brot gibt's kleine, feine Bissen, die immer etwas anders schmecken sollten.

1 Vollkornbrötchen
1 EL Sauerrahm
1 TL Butter
½ Banane
5 Erdbeeren
½ gekochtes Ei
Schnittlauchröllchen

Das Brötchen wie ein Minibrot in dicke Scheiben schneiden, die eine Hälfte der Scheiben mit Sauerrahm, die andere mit

Manche mögen gern süßen Brei oder Müsli zum Frühstück, andere haben es lieber herzhaft. Richten Sie sich ganz nach dem Geschmack Ihres Kindes – das hebt die Laune am Frühstückstisch.

Butter bestreichen. Banane (bis auf 3 dünne Scheiben) und 4 gewaschene, abgetupfte Erdbeeren mit der Gabel zerdrücken und gut verrühren. Die übrige Erdbeere vierteln. Das Früchtemus auf die Scheiben mit Sauerrahm streichen, die Scheiben halbieren. Auf jede Hälfte eine Bananenscheibe und ein Erdbeerviertel setzen.

Das gekochte Ei fein hacken, auf die Butterscheiben streuen, etwas andrücken und die Schnittlauchröllchen darauf verteilen. Die Scheiben halbieren. Alle Häppchen auf einem Teller arrangieren.

Häppchen für zwischendurch

Kleinkinder brauchen noch fünf Mahlzeiten täglich; der Zwischendurch-Imbiss am Vormittag und nachmittags ist deshalb ein unbedingtes Muss. Sie sollen jeweils etwa 10 Prozent der Gesamtkalorienmenge eines Tages ausmachen.

Überraschung zum zweiten Frühstück

Wenn zu dieser Zwischenmahlzeit knackig Frisches so originell angerichtet wird, lassen Spaß und Esslust bestimmt nichts zu wünschen übrig.

1 Scheibe Roggen- oder Vollkornbrot
etwas Butter
fein gehackte Petersilie
1 dicke Scheibe Gouda- oder Edamerkäse
1 kleine frische Möhre
1 dünne Scheibe Kohlrabi
1 Mandarine

Das Brot mit Butter bestreichen und in gleichmäßige kleine Quadrate schneiden. Die Hälfte davon mit Petersilie bestreuen, die übrigen Brotquadrate daraufsetzen. Aus der dicken Käsescheibe mit Mini-Ausstechern Herzchen und Sternchen ausstechen.

Die Möhre schälen und mit dem Bundmesser in dünne Scheiben schneiden. Aus der Kohlrabischeibe ebenfalls Sternchen und Herzchen ausstechen. Die Mandarine schälen, weiße Haut entfernen, in Spalten teilen. Alles auf einem Kinderteller anrichten.

Geeignete Süßungsmittel sind auch Ahornsirup, Honig oder Vollrohrzucker; doch Sie sollten sparsam damit umgehen.

Süßer Snack am Nachmittag

Ihr Kind kann bei größerem Appetit ein Stück Vollkornknäckebrot oder einen Zwieback dazu essen.

50 g Magerquark
50 g Sauerrahm
1 TL Birnendicksaft
½ Birne
1 TL Heidelbeeren oder Himbeeren
1 EL zarte Haferflocken
1 TL fein gehackte Haselnüsse

Magerquark und Sauerrahm mit dem Birnendicksaft gut verrühren. Auf einen Kinderteller geben. Die halbe Birne schälen, das Kernhaus ausschneiden, die Birne in kleine Schnitze schneiden und mit den gewaschenen, gut abgetropften Beeren auf der Quarkcreme verteilen. Haferflocken und gehackte Haselnüsse ganz kurz in einer trockenen Pfanne anrösten, bis sie duften. Über die Früchte streuen.

Schinkenröllchen mit Minibrötchen

Auch eine Zwischenmahlzeit soll gelegentlich etwas Fleisch oder Schinken enthalten.

1 kleine Möhre
1 EL Magerquark
1 TL Sauerrahm
1 TL Schnittlauchröllchen
1 TL geriebener Emmentalerkäse
1 Scheibe gekochter Rinderschinken (50 g)
1 Minivollkornbrötchen oder ½ Brötchen
1 TL Butter

Die Möhre schälen oder abschaben, waschen und grob raspeln. Quark mit Sauerrahm und Schnittlauchröllchen ver-

Obstsalat

Natürlich ist auch eine Kombination aus Früchten der Jahreszeit eine feine Zwischenmahlzeit. Das Obst wird zerkleinert und mit etwas Milch, Sahne oder Jogurt und ein paar geriebenen Nüssen oder Sonnenblumenkernen in einer Schüssel angerichtet. Gehen Sie wenn möglich auf die Vorlieben Ihres Kindes z.B. für bestimmte Obstsorten ein. Lassen Sie es beim Einkaufen auch mal selbst entscheiden, ob es lieber Äpfel oder Birnen, Orangen oder Mandarinen möchte.

rühren. Die Schinkenscheibe in der Mitte mit der Quarkmasse bestreichen, geriebenen Käse und Möhrenraspel daraufstreuen. Den Schinken aufrollen. Die Rolle mit einem scharfen Messer in mundgerechte Stücke schneiden. Das Brötchen aufschneiden und mit Butter bestreichen. Die Hälften zu den Röllchen legen.

Kindergarten-Mitnehm-Mahlzeit

Wenn zum gemeinsamen Kinderfrühstück nicht nur ein zusammengeklapptes Käse- oder Wurstbrot zum Vorschein kommt, sondern ein buntes Allerlei, ist gute Laune angesagt.

1 Salatblatt
1 kleiner Kornspitz
1 TL Butter
5 kirschgroße Hackfleischbällchen
4 Käsesternchen (ausgestochen aus einer dicken Käsescheibe)
2 aufgeschnittene Radieschen
5 kleine Zucchinischeiben

Eine Butterdose wird mit dem gewaschenen, trockengetupften Salatblatt ausgelegt; darauf kommen die Fleischbällchen und Käsesternchen. In die Zwischenräume Radieschen- und Zucchinischeiben. Dazu schmeckt der kleine Kornspitz mit Butter.

Abendessen – mal warm, mal kalt

Die letzte Mahlzeit des Tages, die Kinder erst kurz vor dem Schlafengehen einnehmen, darf nicht zu üppig und schwer sein. Denken Sie daran, dass Ihr Kleinkind ca. 300 bis 350 ml Milch pro Tag braucht! Hat Ihr Kind tagsüber noch nicht genügend Milch getrunken, sollten Sie ihm einen Gute-Nacht-Brei mit Trockenfrüchten oder Banane anbieten. Es kann aber auch ein Butterbrot mit magerem Schinken, etwas Käse und Radieschenscheibe sein. Dazu passt dann ein Glas Milch.

Wenn's etwas Warmes sein soll, kommen kleine Blinis – mal süß, mal pikant belegt – in Frage. Vielleicht ist aber auch ein Rest vom Mittagessen übrig geblieben, der mit etwas Frischem wie Möhren- oder Blumenkohlsalat kombiniert werden kann.

Gute-Nacht-Brei mit Kompott

Statt der Trockenfrüchte passt auch eine in Scheiben geschnittene Banane zum Abendbrei.

100 g gemischtes Trockenobst
1 Msp. Zimtpulver
200 ml Milch
1 Prise Meersalz
2 EL Maisgrieß (oder Weizengrieß)
1 TL Vollrohrzucker
1 Ei, getrennt

Das Trockenobst waschen und in ganz wenig Wasser mit dem Zimt 10 Minuten dünsten. Abkühlen lassen, die Früchte klein schneiden.

Die Milch zum Kochen bringen, den Maisgrieß einstreuen, Salz und Zucker zugeben und den Brei unter Rühren zum Kochen kommen lassen. 3 bis 4 Minuten bei ganz schwacher Hitze weiterkochen, dann den Grießbrei auf der abgeschalteten Herdplatte zugedeckt 10 Minuten ausquellen lassen. Das Eigelb einrühren. Das Eiweiß zu Schnee schlagen und unter den noch heißen Brei ziehen. Mit dem Trockenobst anrichten.

Blinis – süß und pikant

Die Minipfannkuchen vertragen sich mit einem süßen Obstbelag, aber auch mit pikanten Zutaten.

50 g Buchweizen, fein gemahlen
1 Ei
ca. 100 ml Milch
1 Prise Meersalz
2 EL Sonnenblumenöl und 1 TL Butter zum Braten

Für süßen Belag:
1 kleiner Apfel
1 EL fein gemahlene Haselnüsse
1 TL Vollrohrzucker
1 TL Preiselbeerkompott

Für pikanten Belag:
2 TL geraspelte Kohlrabi und Möhren
1 TL fein gehackte Petersilie
1 TL Schnittlauchröllchen
1 TL Butter
2 dünne Scheiben roher Schinken

Buchweizenmehl mit Ei, Milch und Salz zu einem glatten Eierkuchenteig verrühren. 10 Minuten quellen lassen.

Für den süßen Belag den Apfel schälen, das Kernhaus ausstechen, den Apfel in Scheiben schneiden.

Blinis kann man auch ganz ohne Belag backen und mit einer Mischung aus Sauerrahm und Heidel- oder Preiselbeerkompott essen.

Für den pikanten Belag geraspelte Gemüse und Kräuter mischen und in heißer Butter etwas anbraten.

In einer schweren Pfanne Öl und Butter erhitzen und etwa handtellergroße Blinis backen. Zwei davon mit Apfelscheiben belegen und wenden, sobald die Unterseite goldbraun ist. Nochmals etwa 3 Minuten backen, ohne dass die Äpfel zu dunkel werden. Die fertigen Apfelblinis auf Teller stürzen und mit einer Mischung aus Nüssen und Zucker bestreuen. In die Apfelscheibe etwas Preiselbeerkompott geben.

Auf die pikanten Blinis das angebratene Gemüse geben und je eine Schinkenscheibe legen. Etwas andrücken, umdrehen und in 3 Minuten fertig backen.

Quarkknödel mit Brombeeren

Dieses etwas zeitaufwändige Rezept lohnt sich nur für mindestens 2 Portionen.

75 g Brombeeren (frisch oder tiefgekühlt)
50 g Butter
1 Ei
1 TL Zucker
1 Msp. Naturvanille
125 g Magerquark
1 EL Semmelbrösel
1 TL Grieß
Puderzucker zum Bestreuen

Die Brombeeren waschen und abtropfen lassen (tiefgefrorene auftauen). 25 g Butter mit Ei, Zucker und Vanille schaumig rühren. Den Quark in einem Tuch ausdrücken, damit er trocken und krümelig ist, und dann in die Butter-Ei-Masse rühren. 1 Esslöffel Semmelbrösel und den Grieß in den Teig einarbeiten. Die Masse 10 Minuten ruhen lassen.

In einem großen Topf Wasser zum Kochen bringen. Jeweils ein kleines Teigstück in der Hand auseinander drücken, 3 oder 4 Brombeeren hineinlegen, den Teig schließen und zu einem glatten, runden Knödel drehen. So viele Knödel formen, bis der Teig aufgebraucht ist.

Brombeerknödel ins kochende Wasser einlegen und mit einem Holzlöffel vorsichtig vom Topfboden lösen. Die Knödel 7 bis 8 Minuten mehr ziehen als kochen lassen.

Die restliche Butter erhitzen und die übrigen Semmelbrösel darin goldgelb anbraten.

Knödel mit einem Schaumlöffel aus dem Wasser heben, abtropfen lassen und auf Teller setzen. Mit den Butterbröseln und nach Wunsch mit etwas Puderzucker bestreuen.

Was soll mein Kind trinken?

Kleinkinder brauchen im Verhältnis zu Körpergröße und Gewicht wesentlich mehr Flüssigkeit als Erwachsene. Sobald Ihr Kind aus dem Babyalter heraus ist und schon vorwiegend feste Speisen zu sich nimmt, muss es zusätzlich trinken – und zwar reichlich.

Solange Sie Ihrem Kind keine süßen Säfte oder gesüßten Tee anbieten, braucht es keinerlei Beschränkung beim Trinken. Lassen Sie aber nicht zu, dass es seinen Durst aus der Babyflasche löscht, es kann und soll aus der Tasse oder einem Glas trinken, und zwar so oft es will. Die mit Tee oder Wasser gefüllte Flasche mit Sauger ist nämlich nichts weiter als ein Ersatz für den Schnuller; sie tritt immer dann in Aktion, wenn das Kind Trost braucht, müde ist oder sich

Das Trinkfläschchen hat ausgedient. Für Kinder ist es auch ein Anreiz, »wie die Großen« aus Glas oder Tasse zu trinken.

langweilt. Das ständige Saugen aber schadet nicht nur den Zähnen.

Wenn Ihr Kind sein Wasserglas oder die Teetasse unberührt stehen lässt, weil es abgelenkt oder ins Spiel vertieft ist, erinnern Sie es zwischendurch ans Trinken, damit es kein Flüssigkeitsdefizit gibt.

Kräutertees für Kleinkinder

Kaufen Sie verschiedene Teesorten ein (offen, nicht in Beuteln) und mischen Sie Ihrem Kind einen »Haustee«; Sie haben ja sicherlich schon herausgefunden, welche Geschmacksrichtung es bevorzugt. Mischen Sie die getrockneten Blätter, Blüten oder Früchte (z.B. von Pfefferminze, Kamille, Lindenblüten, Hagebutten usw.) und heben Sie die Mischung in einer Blechdose oder einem Schraubdeckelglas auf.

Sie brauchen für 2 Tassen Tee etwa 1 knappen Teelöffel der Teemischung. Immer mit kochendem Wasser aufgießen, einige Minuten ziehen lassen und dann abseihen.

Dem Kind nicht ständig Tee, sondern zwischendurch auch Wasser oder stilles Mineralwasser zu trinken geben!

Frucht- und Gemüsesäfte

Dass Sie Ihrem Baby und möglichst auch noch dem Kleinkind nur selbst gepresste Säfte geben, sollte Ihnen zur festen Gewohnheit werden. Verdünnen Sie frisch gepressten Orangen-, oder Apfelsaft immer noch mit abgekochtem Leitungswasser oder stillem Mineralwasser. Zu einer Portion Möhrensaft gehört ein kleines Butterbrot, weil das Vitamin A der Möhren nur zusammen mit Fett im Körper wirksam werden kann.

Alle Fruchtsäfte enthalten Zucker, also Kohlenhydrate, und haben daher auch eine sättigende Wirkung. Deshalb sollten sie nicht kurz vor oder während der Mahlzeiten getrunken werden, denn sie nehmen dem Kind den Appetit. Ein Glas frisch gepresster Apfel- oder Birnensaft (verdünnt mit Wasser) kann jedoch zusammen mit einem Zwieback oder Vollkornkeks eine ganze Zwischenmahlzeit ersetzen.

Alltagsgerichte und Festtagsspeisen

Dass das Babyalter vorbei ist, beweist Ihr Kind nun Tag für Tag und von morgens bis abends. Es nimmt am Familienalltag teil und behauptet sich mit seinen Wünschen und Vorlieben auch schon bei Tisch.

Essen für Groß und Klein

Natürlich werden Eltern darauf achten, dass auch der Speisezettel des älteren Kleinkinds all die Zutaten enthält, die es für seine Entwicklung und sein Wachstum braucht. Kinderessen ist weiterhin sanfter gewürzt, enthält weniger Salz und ist auch gehaltvoller als das der Eltern und der größeren Geschwister. Natürlich wird immer noch Rücksicht darauf genommen, dass das Kleinste noch nicht so fest zubeißen kann, dass es aber im Verhältnis zu seiner Größe und seinem Gewicht wesentlich mehr braucht als die Großen.

Inzwischen lässt sich ein Kleinkind auch schon viele Lieblingsspeisen der Erwachsenen mit erkennbarem Appetit schmecken, und genießt nicht zuletzt das Leben und Essen am Familientisch. Lassen Sie Ihr Kind – auch wenn es noch seine Kinderkost bekommt – so früh wie möglich das Essen in der Gemeinschaft miterleben!

Die Rezepte dieses Kapitels sind für eine Familie mit 4 Personen berechnet.

Rund um den großen Suppentopf

Beim Suppenessen hat ein Kleinkind keine Schwierigkeiten, solange Mutter oder Vater die Fütterung übernimmt und ihm die Suppe in den Mund löffelt. Sobald es den Löffel selbst zur Hand nimmt, sollte die Suppe etwas dicker und cremiger sein, damit sie auch tatsächlich im Mund des Kindes landet. Wenn Ihr Kind besondere Schwierigkeiten mit dem

Löffeln hat, ist es vielleicht Linkshänder und sollte den Löffel in die andere Hand nehmen.

Gemüsebrühe (Grundrezept)

2 große Möhren
2 Petersilienwurzeln
50 g Sellerieknolle
1 Stange Lauch
6 Petersilienstängel
3 EL Sonnenblumenöl
1½ l Wasser
1 Lorbeerblatt
Meersalz

Die Wurzelgemüse und den Lauch schälen, waschen und in Stücke schneiden, die Petersilienstängel waschen.

Das Öl in einem Topf erhitzen, die Gemüse darin leicht anbraten. Das Wasser und das Lorbeerblatt zugeben und die Gemüse 30 Minuten bei schwacher Hitze kochen lassen. Die Suppe schwach salzen und durch ein feines Sieb gießen. Die Brühe zum Aufgießen von Suppen und Saucen verwenden. Mit Gemüsebrühwürfeln oder Gemüseextrakt gewürzt, wird daraus eine kräftige Gemüsesuppe.

Suppenvariation

Gemüsebrühe lässt sich mit gekochtem Reis, mit feinen Suppennudeln oder mit Quark-Butternocken (aus 1 TL Butter, 2 TL Magerquark, 1 Ei, 100 g Mehl, etwas Salz und fein gehackten Kräutern) gehaltvoller machen.
Eine klare Brühe mit Buchstaben-, Tier- oder Sternchennudeln schmeckt sogar so manchem Suppenkasper.

Für eine gebundene Gemüsesuppe brauchen Sie die Gemüse – ohne das Lorbeerblatt – nur in der Brühe zu pürieren.

Möhrencremesuppe mit Kümmel

Verwenden Sie vom Lauch nur die hellen Teile. Die grünen Blätter sind eine Zutat für Gemüse- und Hühnersuppen.

1 Stange Lauch
400 g Möhren
3 mittelgroße Kartoffeln
3 EL Sonnenblumenöl
2 TL Kümmel
1 l Gemüsebrühe (aus Extrakt)
5 EL Sahne
1 EL fein gehackter Kerbel

Treffen Sie beim Suppenessen besondere Vorsichtsmaßnahmen gegen das Kleckern: abwaschbares Tischtuch oder Set, großes Lätzchen.

Den Lauch putzen, halbieren und waschen, das Gelbe vom Lauch in Streifen, Möhren und Kartoffeln in Stücke schneiden. Das Öl in einem Topf erhitzen, die Lauchstreifen darin leicht anbraten. Möhren- und Kartoffelstücke sowie den Kümmel zugeben und die Gemüse unter Rühren kurz mitbraten. Die Gemüsebrühe angießen und die Suppe 20 bis 25 Minuten kochen lassen.

Die gekochten Gemüse in der Suppe mit dem Pürierstab zerkleinern. Die Sahne angießen und die Petersilie über die Suppe streuen.

Kürbissuppe mit Crème fraîche und Pinienkernen

Wenn Sie einen Winterkürbis verwenden, wird die Suppe wunderschön orangefarben und gefällt mit dem grünen Dill und der weißen Crème fraîche Ihrem Kind ganz bestimmt.

1 kg Kürbis
3–4 Schalotten
1 EL Butter
½ l Geflügelbrühe (selbst gekocht oder Extrakt)
30 g Pinienkerne
etwas abgeriebene Muskatnuss
3 EL Crème fraîche
1 EL fein geschnittener Dill

Den Kürbis dick schälen, zerteilen, die Kerne herauskratzen, das Fruchtfleisch in Stücke schneiden. Die Schalotten schälen und hacken.

Die Butter in einem Topf erhitzen, Schalotten darin glasig werden lassen, die Kürbisstücke zugeben und leicht anbraten. Die Geflügelbrühe zugießen, Pinienkerne zugeben und den Kürbis eine halbe Stunde kochen lassen.

Die Suppe im Mixer pürieren oder mit dem Pürierstab fein zerkleinern. Mit etwas Muskat verfeinern. 2 Esslöffel Crème fraîche mit dem Schneebesen unter die Suppe rühren.

Die Suppe auf Teller verteilen, die restliche Crème fraîche mit einem Teelöffel auf jeden Teller geben und die Suppe mit Dill bestreuen.

Cremige Tomatensuppe

Diese Suppe gibt's nur zur Tomatenzeit, wenn die Früchte ihre ganze Süße und ein besonders feines Aroma haben. Wenn die Tomaten nicht süß genug sind, etwas Honig oder Vollrohrzucker in die Suppe geben.

750 g vollreife Tomaten
1 Zwiebel
1 Knoblauchzehe
1 EL Butter
1 l Gemüsebrühe (Extrakt)
50 g Buchweizen, fein gemahlen
1 EL fein gehackte Zitronenmelisse oder Minze
1/8 l Sahne

Die Tomaten waschen, einritzen und mit kochendem Wasser übergießen. Die Haut abziehen, Kerne herausdrücken und die grünen Stielansätze entfernen. Die Tomaten in Stücke schneiden. Zwiebel und Knoblauch schälen und hacken.

Die Butter erhitzen, die Zwiebeln darin glasig werden lassen, Tomaten und Knoblauch zugeben und alles 5 Minuten dünsten.

Das Buchweizenmehl darüber streuen und unter Rühren kurz mitdünsten. Die Gemüsebrühe angießen. Die Suppe 20 Minuten kochen lassen. Anschließend im Mixer pürieren. Die fein gehackten Kräuter und die Sahne einrühren.

Zucchini-Hühner-Suppe

Wenn aus dieser Suppe ein Hauptgericht werden soll, lässt sie sich mit einigen gekochten und in kleine Würfel geschnittenen Kartoffeln anreichern. Außerdem kann man eine gekochte Hühnerbrust in kleine Würfel schneiden und ebenfalls in die Suppe geben.

750 g kleine Zucchini
3 EL Maiskeimöl
1 EL Vollkornweizenmehl
1/2 l Hühnerbrühe (Extrakt)
1/2 TL gemahlener Kümmel
1/8 l Sahne
1 EL fein gehackter Kerbel

Die Zucchini gründlich mit heißem Wasser waschen und in Scheiben schneiden.

Das Öl in einem Topf erhitzen, die Zucchini und das Mehl darin leicht anrösten (aber nicht braun werden lassen). Die Hühnerbrühe angießen und die Suppe 25 Minuten kochen lassen. Anschließend mit dem Pürierstab fein zerkleinern und den Kümmel einrühren.

Die Sahne halbsteif schlagen und unter die Suppe heben. Mit Kerbel bestreuen.

Trockenobst-Brotsuppe

Zur Abwechslung kann eine Suppe auch mal süß sein. Diese hier ist übrigens ein feines Abendessen.

500 g altbackenes Vollkornbrot
1 l Wasser
100 g Rosinen
100 g getrocknete Aprikosen
100 g getrocknete Pflaumen (ohne Kerne)
1/4 l Sahne
2 EL Schlagsahne

Das Brot am Vorabend in einem halben Liter Wasser einweichen. Das Trockenobst heiß abwaschen, die Rosinen sowie die klein geschnittenen Aprikosen und Pflaumen im restlichen halben Liter Wasser einweichen.

Am nächsten Tag Brot und Früchte zusammen im Einweichwasser zum Kochen bringen und 5 Minuten kochen lassen. Das Ganze im Mixer pürieren. Die Sahne unterrühren. Die süße Suppe auf Teller füllen und jeden mit einem Klecks Schlagsahne garnieren.

Quer durch den Gemüsegarten

Vom Spätfrühling bis in den frühen Winter kann für Ihr Kleinkind und die ganze Familie frisches heimisches Gemüse auf den Tisch kommen. Wer selbst keinen Garten hat, sollte sich auf dem Markt, im Naturkostladen oder direkt beim Biobauern mit allem Grünzeug eindecken. Viele Erzeuger in Stadtnähe liefern inzwischen auch schon an »Abonnenten« ein ganzes Sortiment Biogemüse kistenweise frei Haus.

Spinatauflauf mit Pellkartoffeln

Die Großen essen zum Spinatauflauf die Kartoffeln mit der Schale, dem kleinsten Familienmitglied werden sie abgezogen und mit etwas Sahne zerdrückt.

1 kg kleine festkochende Kartoffeln
750 g frischer Spinat
1 Knoblauchzehe
1 EL Butter
Kräutersalz
etwas abgeriebene Muskatnuss
200 g Mozzarellakäse
weißer Pfeffer
2 EL Sauerrahm
1 EL Sahne

Vitaminreiches Obst und Gemüse sollte in der Kinderkost mit stark eisenhaltigen Nahrungsmitteln kombiniert werden.

Die Kartoffeln sauber bürsten und mit wenig Wasser in 25 Minuten garen.

Spinat verlesen und in warmem Wasser gründlich waschen. Tropfnass in einem Topf erhitzen und zusammenfallen lassen. Auf ein Sieb schütten und mit kaltem Wasser überbrausen. Abtropfen lassen und grob hacken. Die Knoblauchzehe schälen und fein hacken.

Die Butter erhitzen, Spinat und Knoblauch darin verrühren und 5 Minuten dünsten. Mit wenig Kräutersalz und Muskat würzen.

Eine feuerfeste Form ausbuttern. Die Hälfte vom Spinat hineingeben, die Hälfte von dem in winzige Würfel geschnittenen Mozzarellakäse darüberstreuen. Schwach pfeffern und einen Esslöffel Sauerrahm daraufstreichen. Darüber den restlichen Spinat und den übrigen Mozzarella schichten, mit dem zweiten Löffel Sauerrahm bestreichen. Den Auflauf im vorgeheizten Backofen (200 °C) etwa 20 Minuten überbacken.

Kartoffeln abgießen, eine Portion für das Kleinkind abziehen, zerdrücken und mit etwas Sahne verrühren.

Manche Kleinkinder
sind schon recht eigenwillig, wenn es um Gerichte geht, die sie nicht kennen. Vereinbaren Sie mit dem Trotzkopf, dass er zumindest ein paar Löffelchen probiert – wenn's ihm dann definitiv nicht schmeckt, bekommt er etwas anderes.

Zucchini-Mangold-Omelette

Mit Mangold kommen die Mineralstoffe Kalium, Calcium, Eisen sowie die Vitamine A und C ins Essen; Zucchini sind arm an Natrium und liefern vor allem Vitamin B_1.

300 g Mangoldblätter (ohne Stiele)
4 kleine Zucchini
1 kleine Zwiebel
3 EL Sonnenblumenöl
4 Eier
2 EL Dinkel, fein gemahlen
1/8 l Sahne
Meersalz
weißer Pfeffer
1 EL Butter zum Anbraten
1 EL Schnittlauchröllchen

Den Mangold verlesen und gründlich waschen. Mit etwas Wasser in einen Topf geben und kochen lassen, bis die Blätter zusammenfallen. Auf ein Sieb gießen und kalt überbrausen. Abtropfen lassen und grob hacken.

Die Zucchini waschen, Stiel- und Blütenansätze entfernen und die Früchte in dünne Scheibchen schneiden. Die Zwiebel schälen und fein hacken.

Das Öl in einer Pfanne erhitzen, die Zwiebeln darin glasig werden lassen, die Zucchinischeiben zugeben und 5 Minuten mitbraten.

Die Eier mit dem Schneebesen in einer Schüssel aufschlagen, mit dem Dinkelmehl und der Sahne verrühren. Den Teig leicht salzen und pfeffern. Einige Minuten quellen lassen.

Den gehackten Mangold und die Butter zu den Zucchini geben, erhitzen und die Eimasse über die Gemüse in die Pfanne gießen. Etwas stocken lassen. Die Pfanne schütteln, damit das Omelette nicht ansetzt. Mit Schnittlauchröllchen bestreuen und solange zugedeckt bei schwacher Hitze backen, bis die Oberfläche fest zu werden beginnt. Das Omelette in Portionsstücke teilen und mit Vollkornbrot essen.

Statt gemahlenem Dinkel können Sie auch Vollkornweizenmehl oder – bei empfindlich auf Gluten reagierenden Kindern – Hirse- oder Buchweizenmehl mit den Eiern verrühren.

Gebratene Kürbisplätzchen

Diese knusprigen Plätzchen schmecken mittags und abends – am besten frisch aus der Pfanne.

1 kg Gartenkürbis
5 EL feines Sechskornmehl oder Vollkornweizenmehl
Meersalz
200 g geriebener Emmentalerkäse
2 Eier
etwas abgeriebene Muskatnuss
½ TL gemahlener Kümmel
1 TL fein geschnittener Dill
Maiskeimöl zum Braten

Den Kürbis dick schälen, entkernen und in Stücke schneiden. Die Stücke grob raspeln. Die Masse auf ein Sieb geben und schwach salzen. Den Saft ablaufen lassen und die Kürbisraspeln leicht ausdrücken. Anschließend mit dem Mehl, dem geriebenen Käse und den Eiern zu einem Teig verrühren. Mit Muskat, Kümmelpulver und Dill würzen.

In einer großen Pfanne reichlich Öl erhitzen und jeweils 4 bis 5 kleine runde Plätzchen darin auf beiden Seiten knusprig goldgelb backen. Herausnehmen und auf Küchenpapier entfetten.

Dazu gibt es Tomaten-Gurken-Salat. Sie können Ihrem Kleinkind auch noch einen kleinen Klecks Sauerrahm auf seine Plätzchen setzen.

Kohlrabi in Käsesauce

Dazu passen Pellkartoffeln oder cremiges Kartoffelpüree am besten.

3 mittelgroße Kohlrabi
1 EL Butter
4 EL Sahne
40 g geriebener Parmesankäse
2 Eigelb
Kräutersalz
etwas abgeriebene Muskatnuss
1 EL fein gehackte Pimpinelle (oder Petersilie)

Die Kohlrabi schälen (holzige Teile entfernen), zuerst in Scheiben, dann in dünne Stifte schneiden. Einige zarte Kohlrabiblätter waschen und fein hacken. Die Kohlrabi auf dem Siebeinsatz in einem gut schließenden Topf weich dämpfen oder in wenig Wasser garen. Kohlrabi auf einer Platte warm halten.

Die Butter zerlassen, die Sahne und den geriebenen Käse hineinrühren, die Sauce kräftig aufschlagen. Den Topf vom Herd nehmen und die Eigelbe einrühren. Mit Kräutersalz und Muskat würzen. Die Kohlrabistifte mit der Sauce überziehen und die Pimpinelle oder Petersilie darüber streuen.

Brokkoliauflauf

Sie können an Stelle von Brokkoli auch Blumenkohl oder Schwarzwurzeln verwenden. Kleine Topfgucker können beim Schälen der hart gekochten Eier helfen.

500 g Brokkoli
4 Scheiben Vollkorntoastbrot
60 g Butter
2 hart gekochte Eier
Kräutersalz
weißer Pfeffer
Butter für die Form

2 EL Vollkornweizenmehl
1/4 l Milch
etwas abgeriebene Muskatnuss
1/2 Bund Petersilie
1/2 Bund Basilikum

Den Brokkoli putzen, waschen und im Ganzen auf einem Siebeinsatz in einem gut schließenden Topf gardämpfen. Herausheben und die Röschen abschneiden, die Stiele in kleine Stücke zerteilen.

Das Brot in ganz kleine Würfel schneiden.

30 g von der Butter erhitzen und die Brotwürfel darin leicht anbraten, mit dem Brokkoli vermischen. Die gekochten Eier schälen, hacken und unter den Brokkoli heben. Alles mit wenig Salz und Pfeffer würzen. Die Mischung in eine gefettete Auflaufform geben.

Die restliche Butter schmelzen, das Mehl darin leicht anrösten, mit Milch ablöschen, 3 bis 4 Minuten kochen lassen und mit etwas Salz und Muskat würzen. Die Kräuter waschen, fein hacken und unter die Sauce rühren. Die Sauce über den Brokkoli gießen. Den Auflauf im vorgeheizten Backofen (180 °C) etwa 30 Minuten backen.

Jetzt geht's in die Kartoffeln

Die auch bei Kindern beliebten Knollen enthalten nicht nur wichtige Mineralstoffe wie Kalium und Magnesium und dazu reichlich Vitamin C; aus ihnen lassen sich auch Gerichte zaubern, die mehr sind als nur Beilagen zu Fleisch oder Gemüse und die Kinder ihre heiß geliebten, aber so ungesunden Pommes frites bestimmt vergessen lassen.

Gefüllte Kartoffeln

Die in Folie verpackten Kartoffeln mit ihrer pikanten Füllung sehen auf dem Kinderteller interessant und appetitlich aus.

4 dicke Kartoffeln
2 TL Butter zum Einfetten
250 g Magerquark
1/8 l Sahne
1 TL edelsüßes Paprikapulver
1 TL gemahlener Kümmel
Kräutersalz
2 EL Schnittlauchröllchen
150 g Putenschinken in Scheiben

Die Kartoffeln gründlich unter fließendem Wasser bürsten, abtrocknen und jede in mit Butter eingefettete Alufolie einwickeln. Im vorgeheizten Backofen (220 °C) in etwa 40 bis 45 Minuten garen.

Quark und Sahne gut verrühren, Gewürze, etwas Salz und Schnittlauchröllchen untermischen. Die Schinkenscheiben in kleine Quadrate schneiden und ebenfalls unterrühren.

Die gegarten Kartoffeln halb aus der Folie auspacken, von jeder einen Deckel abschneiden und sie mit einem Teelöffel aushöhlen. Die Kartoffelmasse zerdrücken und mit dem Sahnequark verrühren. In die ausgehöhlten Kartoffeln füllen und die Deckel wieder aufsetzen. Dazu gibt es Salat nach Jahreszeit.

»Schlechte Esser«
kriegen vielleicht mehr Appetit, wenn sie hin und wieder beim Kochen helfen dürfen: unter Mamas Aufsicht in Töpfen rühren, Gemüse mit viel Wasser waschen usw.

Kartoffel-Möhren-Gratin

Das Gratin wird mit Zucchinischeiben noch bunter und feiner.

750 g Kartoffeln
250 g Möhren
Öl für die Auflaufform
100 g frisch geriebener Emmentalerkäse
2 TL frische Thymianblättchen
1 TL gemahlener Kümmel
½ l Milch
2 Eier
Meersalz
20 g Butter

Kartoffeln und Möhren schälen, waschen und in dünne Scheiben schneiden. Eine Auflaufform mit Öl auspinseln. Den Käse mit Thymian und Kümmel vermischen. Die Hälfte der Kartoffel- und Möhrenscheiben in der Form verteilen, die Hälfte vom geriebenen Käse darüberstreuen. Die restlichen Kartoffel- und Möhrenscheiben darauf schichten, den übrigen Käse darüber geben.

Die Milch mit den Eiern verquirlen und mit Salz würzen. Über die Käseschicht gießen. Kleine Butterflöckchen auf den Auflauf setzen. Im vorgeheizten Backofen (190 °C) 35 bis 40 Minuten gratinieren. Eventuell nach der halben Garzeit eine Folie auf den Auflauf legen, damit die Oberfläche nicht zu braun wird.

Ofenkartoffeln

Zu den im Ofen knusprig gebackenen Kartoffeln passen eine Gurken-Jogurt-Sauce oder Kräuterquark, aber auch Fleisch- und Gemüsegerichte.

10 mittelgroße Kartoffeln
4 EL Sonnenblumenöl
1 TL getrockneter Thymian
1 TL gehackter Kümmel
Kräutersalz
1 EL Sesam
Öl für das Backblech

Die Kartoffeln unter fließendem Wasser gründlich bürsten, abtrocknen und der Länge nach halbieren. Schnittflächen trockentupfen.

Das Öl mit den Gewürzen und Salz verrühren, auf die Schnittflächen pinseln, diese mit Sesam bestreuen.

Kartoffeln mit den Schnittflächen nach oben auf das gefettete Backblech setzen und die Kartoffeln im vorgeheizten Ofen (180 °C) in etwa 50 Minuten garen.

Kartoffelküchlein

Zu diesem einfachen Gericht mögen Kleinkinder bestimmt geraspelte Möhren mit einer Zitronen-Sahne-Sauce.

750 g Pellkartoffeln vom Vortag
1 kleine Zwiebel
1 EL Vollkornweizenmehl
2 Eier
2 EL fein gehackte Petersilie
Kräutersalz
Butter und Öl zum Braten
1 EL Semmelbrösel

Die Kartoffeln abziehen und durch die Kartoffelpresse drücken. Die Zwiebel schälen und zu den Kartoffeln reiben. Mehl, Eier, Petersilie und Salz unter den Kartoffelteig rühren.

Butter und Öl in einer großen Pfanne erhitzen. Handtellergroße, etwa 1 cm dicke Plätzchen formen und in den Semmelbröseln wälzen; diese zwischen beiden Händen fest andrücken. Die Plätzchen im Fett auf beiden Seiten knusprig braten.

Nudeln, Pizza & Co.

Nudeln lang und kurz, dick und fein, in Hörnchen- oder Schmetterlingsform, in goldgelb, grün und rosa sind das Entzücken kleiner und großer Kinder.

Für Nudel- und Reisgerichte begeistern sich Kleinkinder genauso wie für eine hausgemachte Pizza. Schmecken Sie diese Lieblingsgerichte der Kinderküche aber nicht zu kräftig ab. Die Großen können ja nach Geschmack nachwürzen.

Leider sind viele Kinder von Salat nicht begeistert; kombinieren Sie ihn gerade deshalb mit Lieblingsgerichten wie Spagetti oder Pizza.

Spagetti mit Schinkensauce

400 g Spagetti
Salz
1 kleine Zwiebel
1 Knoblauchzehe
2 EL Olivenöl
1 TL Vollkornweizenmehl
200 g gekochter Schinken (am Stück)
1/8 l Gemüsebrühe (aus Extrakt)
1/8 l Sahne
100 g geriebener Parmesankäse

Die Spagetti in schwach gesalzenem Wasser garen. Zwiebel und Knoblauch schälen und sehr fein hacken.

Das Öl erhitzen, Zwiebeln und Knoblauch darin glasig, aber nicht braun werden lassen.

Den Schinken in winzig kleine Würfel schneiden und zu den Zwiebeln geben. Das Mehl darüber streuen und mit dem Schinken leicht anbraten. Die Gemüsebrühe angießen und die Sauce 5 Minuten kochen lassen. Die Sahne und die Hälfte vom Käse einrühren.

Die Spagetti auf ein Sieb gießen, abtropfen lassen, mit der Sauce übergießen und den restlichen Käse darüber streuen.

Statt der Schinkensauce kann es auch mal Tomatensauce sein. Dafür werden 2 fein gehackte Schalotten in Butter glasig gebraten, 5 enthäutete, entkernte Tomaten in Stücke geschnitten und mitgebraten. Mit Gemüsebrühextrakt abschmecken und mit Sahne aufgießen. Etwas fein gehacktes frisches Basilikum untermischen. Mit Käse bestreut servieren. Ihr kleiner Nudelfan kann sich den Käse bestimmt schon selbst auf die Spagetti streuen.

Tipp: Falls Ihr Kind mit den Spagetti auf der Gabel zu kämpfen hat, nehmen Sie beim nächsten Mal eine kürzere, kompaktere Nudelsorte.

Spätzle mit Kräuterbutter

Sie können den Teig für die Spätzle aus ganz verschiedenen Mehlsorten zubereiten. Besonders gut schmecken sie aus Dinkel- oder Grünkernmehl.

Zu den Kräuterspätzle gehört unbedingt eine Portion Salat, zum Beispiel fein geschnittener Blattsalat mit Tomaten- und Gurkenstückchen.

500 g Vollkornmehl
4 Eier
Salz
1/4 l Wasser
1 Zwiebel
75 g Butter
2 EL fein gehackte Petersilie
2 EL Schnittlauchröllchen
weißer Pfeffer

Das Mehl in eine Backschüssel geben und eine Mulde machen. Eier, Salz und Wasser hineingeben. Die Zutaten verrühren und zu einem geschmeidigen Teig schlagen. 20 Minuten ruhen lassen.

In einem Topf reichlich Wasser zum Kochen bringen.

Für die Kräuterbutter die Zwiebel schälen und fein hacken. Die Butter schmelzen, die Zwiebeln darin glasig werden lassen, die Kräuter zugeben, leicht salzen und pfeffern. Die Kräuterbutter heiß halten.

Etwas Salz ins kochende Wasser geben und den Teig durch ein Spätzlesieb hineindrücken oder vom Brett mit dem Spätzleschaber kleine Spätzle ins Wasser schaben. Gelegentlich umrühren und die Spätzle 4 bis 5 Minuten bei schwacher Hitze kochen lassen.

Spätzle auf ein Sieb gießen und gut abtropfen lassen. Mit der Kräuterbutter übergießen.

Nudelvariationen

Bei der Kreation von Nudelgerichten sind der Phantasie kaum Grenzen gesetzt. Fast alle Gemüse, Fleisch, Fisch und Käse eignen sich als Zutaten. Beziehen Sie Ihr Kind in die Entwicklung von neuen Rezepten mit ein, probieren Sie zusammen auch mal etwas ganz Neues aus.

Kochen Sie möglichst Vollkornnudeln, da weißes, ausgemahlenes Mehl zu viele leere Kohlenhydrate enthält. Die Vollkornvarianten gibt es inzwischen auch schon in fast ebenso vielen verschiedenen formen wie die »weißen«. Hirsenudeln sehen übrigens fast genauso aus wie »normale« Nudeln.

Gemüserisotto

Reisgerichte sollten möglichst mit Naturreis oder – als zweitbeste Alternative – mit Parboiled Reis gekocht werden. Beim Risotto soll der Reis nicht körnig gekocht werden, die Konsistenz kann sogar etwas breiig, also auch für kleine Kinder gut zu essen sein.

1 Zwiebel
3 EL Weizenkeimöl
3 Tassen Naturreis (Rundkorn)
3/4 l Gemüsebrühe (aus Extrakt)
250 g Möhren
150 g gepalte Erbsen
Meersalz
Pfeffer
2 EL fein gehackte Petersilie
150 g frisch geriebener Parmesankäse

Die Zwiebel schälen und fein hacken. Das Öl in einer Pfanne erhitzen, die Zwiebel darin glasig anbraten. Den gewaschenen, abgetropften Reis zugeben und unter Rühren mitbraten. Die Gemüsebrühe angießen, den Reis zugedeckt bei schwacher Hitze 15 Minuten kochen lassen.

Möhren schälen, grob raspeln und zusammen mit den Erbsen zum Reis geben. Reis und Gemüse zusammen weitere 15 Minuten kochen lassen. Wenn nötig, noch etwas Wasser oder Brühe angießen. Den fertigen Reis mit Salz und Pfeffer sanft abschmecken. Die Petersilie unterrühren und den Käse darüber streuen.

Pizza mit Tomaten und Pilzen

Wenn Ihr Kind keine Pilze mag, lassen Sie sie auf einem Viertel der Pizza einfach weg. Der Belag kann ganz nach Jahreszeit und den Vorlieben der Familie wechseln. Auch Brokkoli, Zucchini, Fenchel, Spinat, Schinken, Hackfleisch oder Tunfisch passen auf eine Pizza.

300 g Vollkornweizenmehl
1/2 Würfel Hefe
1 Tasse lauwarmes Wasser
8 EL Olivenöl
Salz
1 TL getrockneter Thymian

500 g Tomaten
250 g Champignons
1 kleine Zwiebel
20 g Butter
Pfeffer
200 g Mozzarellakäse
1 Bund Basilikum
Öl für das Backblech

In einer großen Schüssel aus 100 g Mehl, der zerbröckelten Hefe und etwas lauwarmem Wasser einen Vorteig machen und diesen an einem warmen Platz gehen lassen. Restliches Mehl, 3 Esslöffel Olivenöl, Salz und Thymian mit so viel lauwarmem Wasser unter den Vorteig mischen, dass sich ein glatter, nicht zu weicher Teig schlagen lässt, der Blasen werfen soll. Den Teig zugedeckt etwa 20 Minuten an einem warmen Platz gehen lassen.

Minischnitzel und Hühnerbrühe

Natürlich ist in der Vollwertkinderküche auch Fleisch nicht tabu, aber es sollte in der kindlichen Ernährung nicht die Hauptrolle spielen. Am besten werden die bisher genannten Rezepte mit Gemüse, Kartoffeln, Reis und Nudeln für das Kleinkind durch ein Stück Puten- oder Hühnerfleisch, durch ein Minischnitzel (Schweinefilet), ein Fleischpflanzerl aus magerem Rindfleisch oder eine Portion geschnetzeltes Kalbfleisch ergänzt. Täglich 50 bis 60 Gramm Fleisch, magere Wurst oder Schinken decken den Bedarf des Kindes im Allgemeinen. Auf Innereien sollten Sie verzichten, wenn Sie nicht einen Biobauern oder -metzger kennen, auf den Sie sich verlassen können. Kochen Sie aber hin und wieder eine Brühe aus Kalbsknochen oder eine Hühnersuppe.

Die Tomaten einritzen, mit kochendem Wasser übergießen, häuten, entkernen und in kleine Stücke schneiden. Stielansätze entfernen. Die Champignons putzen, waschen und in dünne Scheiben schneiden. Die Zwiebel schälen und fein hacken. Die Butter erhitzen, Zwiebeln darin anbraten, Champignons zugeben und unter Rühren solange braten, bis der austretende Saft eingekocht ist. Mit etwas Salz und Pfeffer würzen. Mozzarella in Scheiben schneiden, Basilikum waschen und fein hacken.

Den Teig noch einmal durchkneten, auf der bemehlten Arbeitsplatte rund ausrollen, auf das gefettete Backblech setzen. Zu einer großen runden Platte formen, den Rand etwas hochdrücken. Den Boden mit den Tomaten, Champignons und Mozzarellascheiben belegen, mit Basilikum bestreuen. Das restliche Olivenöl darüber träufeln. Die Pizza im vorgeheizten Backofen (200 °C) etwa 30 Minuten backen.

Süßes für Schleckermäuler und Naschkatzen

Sie haben Ihr Kind bisher sicherlich nicht mit Süßem verwöhnt, es trinkt Wasser statt Fruchtsäften, braucht keinen Zucker oder Honig zum Tee und hat hoffentlich – dank einsichtiger Verwandter und Freunde – noch nicht allzu enge Bekanntschaft mit Schokolade und Bonbons gemacht. Trotzdem mag es die süßen Sachen, die nun einmal zu den besonderen Gelegenheiten des Jahres wie Kindergeburtstag, Besuch, Ostern und Weihnachten und vielleicht auch zum Familiensonntag gehören. Backen Sie Kuchen und Kleingebäck lieber selbst, dann wissen Sie, welche Zutaten darin enthalten sind. Fast jedes Gebäck lässt sich auch portionsweise einfrieren.

Außerdem macht es fast allen Kindern Spaß, beim Backen mitzuhelfen, die eigenen Erzeugnisse selbst zu dekorieren – und natürlich besonderes Lob dafür einzuheimsen.

Fast alle Kinder lieben Süßes. Achten Sie jedoch darauf, Naschereien nicht als Trostspender einzusetzen!

Zartes Spritzgebäck

Wenn Sie etwas gemahlene Hirse an den Teig geben, werden die Kekse noch knuspriger.

125 g Butter
125 g Zucker
1 Ei
1 Prise Naturvanille
70 g Haselnüsse, gemahlen
180 g Dinkel, fein gemahlen
Butter für das Backblech

Butter und Zucker schaumig rühren, Ei und Naturvanille dazugeben. Die Haselnüsse in einer trockenen Pfanne unter ständigem Rühren leicht anrösten. Abkühlen lassen und mit dem Mehl unter den Teig arbeiten. Eine Kugel formen, in Klarsichtfolie einpacken und für einige Stunden in den Kühlschrank legen.

Den Teig in einen Fleischwolf mit Spritzvorsatz oder eine kleine Spritzmaschine füllen und durchdrehen, flache etwa 3 bis 4 cm lange Spritzgebäckstücke abschneiden und nebeneinander auf das Backblech setzen. Das Blech in den vorgeheizten Backofen (190 °C) schieben und die Kekse etwa 10 Minuten backen. Sie sollen nicht zu dunkel werden.

Aprikosenkugeln

Diese saftigen Kugeln werden nicht gebacken, sondern getrocknet.

200 g getrocknete Aprikosen (ungeschwefelt)
1 EL Honig
50 g Kokosraspeln
2 EL frisch gepresster Orangensaft
50 g Gerstenflocken

Die Aprikosen klein schneiden und pürieren oder durch die feine Scheibe des Fleischwolfs drehen. Mit dem Honig, den Kokosraspeln und den Flocken sowie dem Orangensaft vermengen. Kleine Kugeln formen und diese auf Oblaten setzen. Lassen Sie Ihr Kind auch ein paar Kugeln formen und mit kleinen Spießen, Zahnstochern oder Papierschirmchen kennzeichnen. Die Fruchtkugeln über Nacht trocknen lassen.

Früchtestern

Das richtige Gebäck für eine sommerliche Kinderparty.

125 g Magerquark
50 g Zucker
4 EL Sonnenblumenöl
4 EL Milch
abgeriebene Schale von ½ Orange (unbehandelt)
2 TL Weinsteinbackpulver
125 g Mehl

125 g Dinkel, fein gemahlen
Butter für das Backblech
4 reife Kiwis
500 g Erdbeeren
¼ l Apfel- oder Traubensaft
1 Päckchen weißer Tortenguss

Quark, Zucker, Öl, Milch und Orangenschale gut verrühren, löffelweise das mit dem Backpulver vermischte Weißmehl und Vollkornmehl daruntermischen. Den Teig gut durchkneten und ½ cm dick ausrollen. Mit Hilfe einer Pappschablone einen Stern von 35 cm Durchmesser ausschneiden. Auf das gefettete Backblech legen. Aus dem restlichen Teig noch einen kleinen Stern (8 cm Durchmesser) ausschneiden und

Um sich und die ganze Familie an das kräftiger schmeckende Vollkorngebäck zu gewöhnen, können Sie anfangs Vollkornmehl und weißes Auszugsmehl mischen.

ebenfalls auf das Blech legen. Die Sterne im vorgeheizten Ofen (190 °C) 15 bis 20 Minuten backen.

Die Kiwis schälen und in dünne Scheiben schneiden, die Erdbeeren waschen und halbieren.

Die Sterne aus dem Ofen nehmen und abkühlen lassen. Den großen abwechselnd mit Kiwischeiben und Erdbeerhälften belegen.

Vom Fruchtsaft 3 Esslöffel abnehmen und den Guss damit anrühren. Den übrigen Saft zum Kochen bringen und das angerührte Pulver unter Rühren einlaufen lassen. Die Früchte auf dem Stern damit überziehen. Den kleinen Stern obenauf in die Mitte legen.

Möhrentorte als Sonntagskuchen

250 g Möhren
75 g Butter
100 g Honig
5 Eier
1 Prise Naturvanille
80 g Weizen, fein gemahlen
2 TL Weinsteinbackpulver
200 g Mandeln, fein gerieben
Fett für die Form

Möhren waschen, schälen und fein raffeln. Butter und Honig schaumig rühren. Die Eier trennen, nach und nach die Eigelbe, Naturvanille und Möhren zur Butter-Honig-Mischung geben und alles gut verrühren. Das Mehl mit dem Backpulver und den geriebenen Mandeln mischen und unter den Teig arbeiten. Die Eiweiße zu steifem Schnee schlagen und unter die Masse heben.

Den Teig in die gefettete Springform füllen und die Torte im vorgeheizten Backofen (180 °C) 35 bis 40 Minuten backen.

Das Schöne am Selberbacken ist, dass ihr Kind erst ein bisschen mithelfen und dann durch die Glasscheibe des Backofens Kuchen oder Plätzchen beim Backen zugucken kann.

Geburtstagsfladen mit Früchten

Fällt der Kindergeburtstag in den Sommer, gibt es kleine feine Törtchen mit frischem Obst.

125 g Mehl
125 g Dinkel, fein gemahlen
20 g Hefe
1 Tasse lauwarme Milch
1 EL Zucker
50 g flüssige Butter
Butter für das Blech
1 kg Obst nach Wahl und Jahreszeit (z.B. Himbeeren, Erdbeeren, Kirschen, Aprikosen, Äpfel)
Fett für das Backblech
2 EL Aprikosenkonfitüre
1 EL geröstete Mandelblättchen

Die Mehlsorten und Salz in einer Schüssel vermischen und in die Mitte eine Mulde drücken. Die Hefe hineinbröckeln, mit der Hälfte der Milch, etwas Zucker und Mehl zu einem Vorteig verrühren. Zugedeckt an einem warmen Platz gehen lassen.

Dann den Teig mit der flüssigen Butter und den übrigen Zutaten zu einem glatten Teig verarbeiten und so lange schlagen, bis er sich vom Schüsselboden löst. Zugedeckt eine halbe Stunde gehen lassen.

Die Früchte waschen, Kirschen und Aprikosen entsteinen, Äpfel schälen, entkernen und in Achtel schneiden.

Den Teig nochmals durchkneten, in 10 Stücke schneiden

Zu Kuchen und anderem Gebäck schmeckt den meisten Kindern Milch oder Früchtetee. Sie können aber auch mit Wasser verdünnten frisch gepressten Apfel-Möhren-Saft oder Apfel-Trauben-Saft dazu trinken.

und kleine Fladen mit dickerem Rand daraus formen. Auf ein gefettetes Backblech setzen und mit Früchten belegen. Nochmals 15 Minuten gehen lassen. Im vorgeheizten Backofen (200 °C) etwa 25 Minuten backen.

Die Aprikosenkonfitüre erhitzen, die Früchte und Fladenränder damit bepinseln, die Mandelplättchen auf die Ränder streuen.

Alphabetisches Register

A
Abwehrkräfte 16
Allergierisiko 18
Aminosäuren 12 f.
Anbau, biologischer 10
Augenprobleme 15

B
Ballaststoffe 10, 34
Blutbildung 16, 18
Brustkind 32

C
Calcium 17

D
Durchfall 19, 21

E
Eisen 18, 37, 47, 62, 65
Eiweiß 12 f., 20, 27, 36, 53, 78
Erbrechen19

F
Fertiggerichte 11
Fertigtee 29
Fett 13, 27
Flaschenkind 28, 32, 53

G
Gerbsäure 66
Geschmack, kindlicher 12
Gluten 20 f.

H
Hautausschläge 22
Hautkrankheiten 15

I
Infektionsabwehr 16
Infektionen 26

K
Kalium 36, 62, 66
Knochen 16 f.
Kohlenhydrate 13, 15, 27, 64, 113
Kuhmilch 19 ff.

M
Magnesium 36, 62, 66
Milchersatzprodukt 20

Mineralstoffe 10, 17, 27, 34, 37, 53, 64, 78
Muttermilch 13, 16, 18 f., 26, 28, 32, 38, 55

N
Nährstoffe 12
Niacin 15

O
Öle, pflanzliche 14

P
Phosphor 62, 65

R
Rachitis 16
Reaktionen, allergische 18 ff.

S
Spurenelemente 10, 34, 66
Störungen, vegetative 15

V
Vitalstoffe 10
Vitamin A 14, 35 ff., 62, 91
Vitamin B_1 15, 63, 65
Vitamin B_2 15, 63
Vitamin B_6 15, 66
Vitamin B_{12} 16
Vitamin C 16, 18, 36 f., 47, 64 f.
Vitamin D 16
Vitamin E 16
Vitamine 10, 14 f., 27, 34, 53, 63, 66, 78

W
Wachstum 14

Z
Zähne 17
Zöliakie 21

Rezeptregister

A

Apfel-Reis-Brei 67
Aprikosenkugeln 118

B

Bananenbrei mit Zwieback 68
Blinis 86
Brokkoliauflauf 106
Brokkolipüree 45
Bunte Kinderkanapees 79

C

Cremige Tomatensuppe 98

D

Dinkelgrütze mit Birnen 76

E

Erdbeermüsli 77

F

Fenchelmus 41
Früchtestern 118

G

Gebratene Kürbisplätzchen 104
Geburtstagsfladen mit Früchten 121
Gefüllte Kartoffeln 107
Gemischtes Gemüse mit Tatar 49
Gemüsebrühe 95
Gemüsereis mit Putenfleisch 50
Gemüserisotto 113
Getreidebrei mit Melonensaft 55
Grießbrei mit Honigmelone 70
Gute-Nacht-Brei mit Kompott 86
Guten-Morgen-Grünkernbrei 75

H

Haferflockenbrei mit Aprikosengeschmack 57
Haferflockenbrei mit Pfirsichmark 70

Hirsetöpfchen mit Hackfleisch und Kräutern 51
Hühnerfleisch mit Gemüse 48

J

Jogurt-Zwieback-Brei 58

K

Kartoffelbrei 43
Kartoffelküchlein 110
Kartoffel-Möhren-Gratin 108
Kindergarten-Mitnehm-Mahlzeit 84
Kohlrabi in Käsesauce 105
Kohlrabibrei 44
Kürbispüree mit Kartoffeln 40
Kürbispüree 40
Kürbissuppe mit Crème fraîche und Pinienkernen 97

M

Milchbrei mit Himbeermus 56
Milchbrei mit Reisflocken 54
Möhrencremesuppe mit Kümmel 96
Möhrenpüree 38
Möhrentorte als Sonntagskuchen 120

O

Obst-Gemüse-Brei 58
Ofenkartoffeln 109

P

Pizza mit Tomaten und Pilzen 114
Putenfleischwürfel mit Blumenkohl 52

Q

Quarkknödel mit Brombeeren 88

S

Schinkenröllchen mit Minibrötchen 83
Spagetti mit Schinkensauce 111
Spätzle mit Kräuterbutter 112
Spinatauflauf mit Pellkartoffeln 101
Spinatgemüse 42
Süßer Snack am Nachmittag 82

T

Trockenobst-Brotsuppe 100

Trockenobst-Müsli-Mischung 78

U

Überraschung zum zweiten Frühstück 80

V

Vollkornbrei mit Birne 69

Z

Zartes Spritzgebäck 117

Zucchini-Hühner-Suppe 99

Zucchini-Mangold-Omelette 103

Zucchinipüree 39